DU

CARACTÈRE JURIDIQUE

DE LA

LIQUIDATION D'UNE SOCIÉTÉ COMMERCIALE

PAR

André BOURGUET

DOCTEUR EN DROIT

PARIS

LIBRAIRIE NOUVELLE DE DROIT ET DE JURISPRUDENCE

ARTHUR ROUSSEAU, ÉDITEUR

14, RUE SOUFFLOT ET RUE TOULLIER, 13

1900

DU CARACTÈRE JURIDIQUE

DE LA

LIQUIDATION D'UNE SOCIÉTÉ COMMERCIALE

DU

CARACTÈRE JURIDIQUE

DE LA

LIQUIDATION D'UNE SOCIÉTÉ COMMERCIALE

PAR

André BOURGUET

DOCTEUR EN DROIT

PARIS

LIBRAIRIE NOUVELLE DE DROIT ET DE JURISPRUDENCE

ARTHUR ROUSSEAU, ÉDITEUR

14, RUE SOUFFLOT ET RUE TOULLIER, 13

1900

INTRODUCTION

La matière de la liquidation des sociétés de commerce, n'ayant pas trouvé place dans nos Codes, il était par là même plus difficile de réglementer en théorie cette institution née de l'usage, et c'était là une source féconde de laborieuses études. La question a déjà fait l'objet en droit français de plusieurs thèses de doctorat et il va sans dire que tous les ouvrages généraux de droit commercial lui consacrent une part importante lorsqu'ils traitent des sociétés. Aussi n'avons-nous pas ici l'intention de faire une étude complète de la liquidation; nous voudrions tout au plus essayer de mettre à jour certains points, mais points capitaux, laissés plus particulièrement dans l'ombre par les auteurs. Il est à remarquer que si l'on s'occupe souvent de définir le rôle et les pouvoirs des liquidateurs, on n'a peut-être pas assez précisé exactement de qui ils tiennent ces pouvoirs, quel est le but qui doit les diriger, quelle est la nature de la société en liquidation. Sans doute on est à peu près d'accord pour reconnaître que la société continue à vivre malgré sa dissolution et pendant sa liquidation, mais cette formule, devenue un axiôme incontesté, on ne s'est pas demandé ce qu'elle cachait ou mieux ce qu'elle signifiait exactement.

1 B

L'étude de la condition juridique de la société en liquidation a été faite en Allemagne par Nöldecke et Francken, en Italie par Sraffa. En France même M. Montégu a donné sur la question de curieux aperçus. Cependant il nous a semblé qu'il ne serait pas inutile de condenser toutes les opinions émises pour mieux fixer les principes de la matière, pour déterminer l'aspect général de cette institution, et cela non pas dans un simple intérêt théorique, mais aussi pour arriver à une réglementation plus précise de la liquidation en fait et surtout de la liquidation judiciaire des sociétés. Nous verrons en effet qu'après avoir établi que la société survivait avec tous ses droits et que le liquidateur devenait le nouveau représentant de la société dissoute, la jurisprudence insensiblement a faussé le rôle de ce liquidateur, en en faisant un représentant des créanciers, en instituant un régime offrant à ces créanciers la plupart des garanties de la faillite, tout en n'infligeant pas à la société et aux associés les déchéances qu'elle entraîne. Ce régime, on ne peut le bien comprendre, en montrer l'irrégularité, expliquer son admission en pratique ou même essayer de donner une base aux droits des créanciers qu'après une étude préliminaire sur la nature de la société en liquidation. Tel est l'objet principal de ce travail. Si nous ne pouvons espérer avoir résolu les problèmes souvent embarrassants qu'il soulève, heureux serions-nous d'y avoir apporté tout au moins quelque lumière.

CHAPITRE I.

DISPOSITIONS GÉNÉRALES SUR LA LIQUIDATION.

SECTION PREMIÈRE

UTILITÉ DE LA LIQUIDATION

Les sociétés de commerce, personnes morales, disparaissent et s'éteignent comme meurent les personnes physiques, et le partage du patrimoine social devrait, semble-t-il, suivre nécessairement et immédiatement leur dissolution. C'est bien ainsi que les choses se passèrent pendant fort longtemps. Mais tandis que la fusion du patrimoine du défunt avec celui de l'héritier, que la division de l'actif et du passif du decujus entre les divers successibles ne présentent pas de graves inconvénients, les héritiers n'étant tenus des dettes que proportionnellement à leur part, alors que les créanciers sont protégés par le bénéfice de séparation des patrimoines, cette façon de procéder présente au contraire de graves dangers, si l'on se trouve en face d'une société de commerce éteinte. Le partage, survenant dès que la dissolution a été prononcée, disséminerait l'actif social; les créanciers verraient disparaître ce patrimoine, c'est-à-dire s'évanouir le gage sur lequel ils devaient logiquement compter. Dès lors, ils seraient obligés de s'adresser aux anciens associés qui, solidairement responsables du passif social, dans les sociétés en nom collectif (ou si ce sont des commandités), pourraient se voir, tout au moins certains d'entre-eux, dans l'obligation de payer plus que leur part des dettes, sans pouvoir user efficacement de leur recours contre leurs coassociés.

Les inconvénients d'un partage immédiat déjà graves dans les sociétés par intérêts, deviennent excessifs dans les sociétés par actions. Ici, les anciens associés ne devraient compte que de ce qu'ils ont pu toucher à la répartition du fonds commun et des parts d'actions non versées au moment de la dissolution. Mais beaucoup d'actionnaires ont pu depuis la répartition devenir insolvables ; dans tous les cas, leur obligation aux dettes est limitée : aussi les créanciers seraient-ils obligés très souvent de multiplier leurs demandes pour arriver à un paiement qui ne serait peut-être jamais intégral. Bienheureux ces créanciers s'ils savent exactement à qui s'adresser et s'ils ne se trouvent pas forcés de reculer devant l'augmentation des frais de procédure.

Quant aux associés, comment certains d'entre-eux ne seraient-ils pas lésés au bénéfice de certains autres si on ne connaît pas d'une façon certaine la situation précuniaire de la société défunte, si une minutieuse épuration des comptes n'en a établi d'abord l'actif net. Comment le partage serait-il parfaitement équitable si, d'une part l'on divise les créances de la société sans savoir si toutes représentent bien des valeurs certaines, si d'autre part, les associés actionnés individuellement par les créanciers et obligés de payer jusqu'à concurrence de ce qu'ils ont touché au partage, n'ont pas la ressource de se retourner contre leurs coactionnaires qui n'ont pas affectué pareils paiements et ne se trouvent pas dans la mesure de le faire. En supposant même qu'ils arrivent à rentrer dans ce qui leur est dù, cette multiplicité d'actions ne pourrait que nuire à tous.

Il faut observer encore que la société dont la dissolution est survenùe brusquement se trouve engagée dans certaines opérations qu'il est nécessaire de terminer si on ne veut pas les rendre ruineuses.

Aussi a-t-il été reconnu nécessaire et est-il usage de nos jours de fixer d'abord l'actif net de la société, c'est-à-dire d'éteindre le passif en transformant les biens corporels ou incorporels en numéraire pour en arriver ensuite à la détermination des parts revenant à chaque associé dans les sociétés en nom collectif et en commandite simple, des parts revenant à chaque action dans la commandite par actions et la société anónyme. L'ensemble de ces opérations constitue la liquidation. Et ces opérations, Mancini (1) les résume en disant que ce sont celles qui sont « nécessaires pour régler les affaires pendantes, le paiement des dettes, l'épuration de l'actif en exigeant le paiement des créances, la discussion des débiteurs, et la conversion en deniers des biens appartenant à la société, si c'est nécessaire pour le paiement des dettes ou pour la répartition de l'actif restant ».

Quant à l'événement qui donne lieu à la liquidation, c'est en principe la dissolution, et nous n'avons pas à rechercher ici quelles en sont les causes. Ajoutons toutefois que la liquidation pourrait être provoquée par un autre événement, l'annulation, qui n'est en somme qu'une dissolution forcée et la dissolution d'une société de fait. La liquidation serait encore utile dans ce cas car il y a des rapports de fait qui demandent à être réglés.

SECTION DEUXIÈME

BUT DE LA LIQUIDATION

D'une façon très concise, on peut dire que le but de la liquidation, c'est le partage, la liquidation étant la préparation de ce partage, ou encore que le but de la liquidation, c'est le règlement des rapports entre associés après règlement des rapports de la société avec les tiers. Mais ce but sera-t-il atteint du moment que

(1) MANCINI. *Relazione al Senato italiano*, p. 418.

l'actif net de la société aura été mis à jour, le rôle du liquidateur sera-t-il simplement de payer le passif social, et pour cela de vendre les biens de la société, jusqu'à concurrence seulement du montant des dettes ? Devra-t-il au contraire transformer tout le patrimoine social en numéraire de façon que, la liquidation finie, il y ait lieu simplement à un partage de deniers ?

On a presque toujours eu le tort de poser des règles générales pour toutes les sortes de liquidations sans s'inquiéter de la nature différente des sociétés. Or, si dans les sociétés par intérêts, où un partage amiable des biens en nature est possible, vu le petit nombre des intéressés, où ce partage en nature peut être désiré, voulu par tous les sociétaires, les biens sociaux ayant pour eux une certaine valeur d'affection, si dans ces sociétés, disons-nous, le liquidateur n'a qu'à établir l'actif net en laissant aux associés eux-mêmes le soin de faire des lots et de se les attribuer (à moins qu'il n'ait lui-même la mission de faire le partage), au contraire dans les sociétés par actions où il y a le plus souvent des milliers d'actionnaires, où le partage en nature est nécessairement impossible, où les associés, ne connaissant souvent que de nom les biens de la société, seraient fort embarrassés de l'attribution d'un de ces biens, le rôle du liquidateur est plus vaste ; il doit non-seulement réduire l'actif brut en actif net, mais même réduire cet actif net en espèces.

« Les liquidateurs, dit d'une façon générale M. Thal-

ler (1), transformeront l'actif social en argent.». Et plus
loin il ajoute (2) : « La conversion de l'actif en argent
sera de règle dans la liquidation des sociétés, car les
immeubles, attirail et marchandises, n'ont pas de
valeur pour les individus ; d'ailleurs les sociétés même
très solvables sont prises dans un réseau serré d'engagements qu'il faut liquider ».

S'occupant plus spécialement des sociétés anonymes,
et cela pourrait s'étendre aux commandites par actions,
elles aussi associations de capitaux, Houpin (3) écrit
que le liquidateur de ces sociétés n'a pas seulement
pour mission de réaliser l'actif nécessaire à l'extinction
du passif, afin que les associés se répartissent en
nature l'actif net, « il doit réaliser l'intégralité de l'actif social ». Et la raison qu'il en donne est de celles que
nous formulions plus haut. « La conservation en nature

(1) THALLER. *Traité élément. de droit comm.*, 1re édit.,
nº 349, p. 217.

(2) THALLER. — *Op. cit*, 1re édit., nº 353, p. 219.

(3) HOUPIN. — *Traité des sociétés civ. et comm.*, nº 842.
Sic. BRAVARD-VEYRIÈRES. *Traité de droit commercial*. t. I,
p. 472.

VIDARI « Liquider signifie réduire en deniers tout le patrimoine social ».

La commission préliminaire sur le projet italien (Verbali,
nº 718) déclarait que « le but de la liquidation consiste dans le
recouvrement et la conversion en deniers de tout l'actif de la
société pour payer les créanciers et payer aux associés le
restant ».

Contra. MM. LYON-CAEN et RENAULT (Précis, nº 578) déclarent
que les associés ont toujours le droit d'exiger la division en
nature, et cela dérive d'après eux de la nature du droit de
chaque associé sur chaque partie de la chose indivise.

d'une partie des biens de la société — qui du reste seraient toujours impartageables — n'a pu certainement entrer dans les provisions des actionnaires et elle est contraire au but et au caractère de la société anonyme ».

Sans doute cela ne veut pas dire que la conversion en deniers soit chose indispensable. Les intéressés par décision prise à l'unanimité pourraient s'y opposer, mais si le mandat des liquidateurs n'est pas strictement fixé, ils devront croire que les associés se soucient peu de biens acquis par la société dans un but déterminé et qui leur seraient à charge s'ils devaient se les voir attribuer après un partage en nature.

Et d'ailleurs est-ce là encore tout le but de la liquidation, peut-on dire que là se borne le rôle du liquidateur ? Celui-ci tient-il au contraire de sa qualité le pouvoir de composer les lots pour le partage ? On a voulu soutenir que les opérations de la liquidation se distinguaient parfaitement de celles du partage, que la liquidation était bel et bien terminée lorsque tout le passif était éteint, que dès ce moment le liquidateur n'avait qu'à rendre compte sans s'occuper de la répartition de l'actif. C'est là l'opinion de Pardessus (1) et de Paris (2) qui, en conséquence, laissent aux associés le soin de procéder au partage sauf à ceux-ci, s'ils ne s'entendent pas ou si parmi eux se trouvent des mineurs, à nommer des experts qui établiront les lots. On a dit encore (3) qu'il

(1) PARDESSUS. *Traité de droit commercial*, n° 1082.
(2) PARIS. *Commentaire sur le code de commerce*, n° 1048.
(3) LÉVI. *De la liquidation des sociétés de commerce.*

n'était pas bon que la même personne effectuât la liqui
dation et le partage, ces deux opérations réclamant de
celui qui en est chargé des qualités bien différentes, la
première devant être confiée à un administrateur habile
et actif, la deuxième à un homme impartial, à l'esprit
net et juste.

Mais ces arguments ne réussissent pas à nous convaincre. Comme le dit Sraffa (1) « la conception scienti-
fique de la liquidation n'est pas seulement celle qui
correspond à l'étymologie de rendre liquide le capital
social. » Le rôle des liquidateurs est de créer à chacune
des parties une situation bien nette. Ils doivent donc
non-seulement acquitter dans l'intérêt de tous les dettes
contractées par la société, mais encore établir la situation de chaque associé vis-à-vis des autres. (2) Sans
doute, la liquidation n'est qu'un moyen d'arriver au
partage, sans doute, ainsi que le remarque Thöl (3).« Les
liquidateurs ne sont pas les représentants, ni les mandataires légaux des associés, et ils n'ont pas à exercer
l'action pro socio » pour la garantie du partage entre
associés ; en effet les liquidateurs n'ont pas à faire exécuter le partage mais à le préparer, et ils doivent seulement déterminer les parts revenant à chaque associé
ou à chaque action, de « manière que dans chaque cas

(1) SRAFFA. — La liquidazione delle societa commerciali,
2ᵉ édit., nᵒ 3.
(2) C. LYON, 13 janv. 1877, D. P. 79, 2, 195.
(3) THOL. — *Handelsrecht,* § 93.

leur office quant au partage se réduit à une simple opération démontrant sur un calcul basé sur les comptes la mesure des intérêts de chacun au partage et la valeur de l'actif à partager » (1).

Cette opinion est admise en France par la majorité des auteurs (2), qui font remarquer que les liquidateurs, nommés par les associés, se trouvent dans le même cas que l'héritier chargé du partage et nommé par ses cohéritiers ; que si, dans le partage d'une succession, c'est devant un notaire que l'on procède à la composition de la masse et à la formation des lots, la liquidation rend inutile cette façon d'agir, car c'est le liquidateur qui dresse l'état de l'actif et du passif, c'est lui aussi qui tient la place du cohéritier chargé de faire les lots.

On pourrait ajouter que nul n'est plus apte à procéder au partage que celui qui, l'ayant préparé, connaît à fond la consistance de l'actif social et sa valeur réelle. Ce serait compliquer singulièrement les opérations que de confier le soin de la répartition à un nouvel agent qui

---

(1) Il est bien certain que la liquidation et le partage ne peuvent se confondre : l'une de ces opérations peut exister sans l'autre, et réciproquement. On peut partager sans liquidation, si la société, n'ayant pas de passif, vend en bloc tout son actif ; on peut liquider sans partage, si, après paiement des dettes, il ne reste pas d'excédent d'actif.

(2) Sic MALAPEYRE et JOURDAIN. — *De la société de commerce*, p. 351-352. TROPLONG. *Du contrat de société civile et commerciale*, n° 1020.

PONT. — *Des sociétés commerciales*, n. 1948.

Contra. LYON-CAEN et RENAULT. *Traité*, t. II, n° 391, p. 257.

devrait nécessairement, pour remplir dignement son rôle, recommencer une partie du travail préliminaire accompli par le liquidateur.

En pratique, la mission de procéder au partage accompagne souvent le mandat de liquider. Dans le silence de l'acte de nomination du liquidateur, il faut lui donner en ce sens le plus de pouvoirs possible. C'est ce dont ne doute pas la jurisprudence qui, dans maintes circonstances, n'a pas hésité à déclarer que le liquidateur a pour fonction de partager le solde de l'actif social entre les associés (1). Le Tribunal de commerce de la Seine (2) dit très catégoriquement que le liquidateur a pour mandat d'épurer les comptes entre les associés et de répartir également entre eux l'actif et le passif ; et c'est là, d'après lui, sa principale fonction.

Peut-être cependant serait-il préférable de distinguer, comme nous l'avons déjà fait, entre les sociétés par intérêts et les sociétés par actions. Dans les premières, le liquidateur n'a pas toujours à transformer en deniers tout l'actif social, et dans ce cas on pourrait admettre que ce partage en nature s'effectuât suivant les règles prescrites à l'égard du partage des successions. Mais en ce qui concerne les dernières il y a lieu à une liquidation de tout l'actif, et par là, à une répartition entre

(1) Confr. Rouen, 26 août 1845, *J. du Pal.*, 48, 1, 651.
(2) Comm. Seine, 8 oct. 1885, *J. des Soc.*, 1890, p. 398.

les actionnaires pour l'excédent après l'acquit du passif. (1)

Au reste, cette formation des parts ne clôt véritablement les opérations de liquidation que, si elle porte sur l'excédent d'actif. Elle n'est qu'une partie subsidiaire de la liquidation dont le but est avant tout l'extinction du passif. Peu importe donc qu'un partage intervienne si les dettes sociales ne sont pas toutes éteintes. Ce partage serait nul et non avenu et la liquidation continuerait à être le régime de la société puisque le liquidateur n'a pas rempli complètement le rôle qui lui incombe. En effet, le but de la liquidation est non-seulement de régler les rapports de la société avec les tiers, mais aussi de déterminer les rapports des associés entre eux. Or, il est certain que ces rapports ne peuvent être difinitivement établis que lorsque la société est libérée de toutes ses charges. Il est donc juste de dire avec la C. de Cassat. de Florence que « la liquidation n'est pas faite par cela seul que les liquidateurs ont présenté un bilan, mais seulement quand, sans contradiction de tous les intéressés on a résolu toutes les questions auxquelles le bilan peut donner lieu » (2).

Ayant aussi déterminé en quoi consiste la liquidation, nous en donnerons cette définition très générale.

La liquidation consiste dans une suite d'opérations qui ont pour but de connaître et de constater le montant

(1) Sic. DEFRÉNOIS, *Traité et formulaire des liquidations et partages*, t. I, p, 402.
(2) Cass. Florence, 28 février 1878, *Temi veneta*, III, 250.

exact de l'actif et du passif de la société, de transformer l'actif en numéraire, d'éteindre le passif et, s'il y a excédent d'actif, de le partager entre les divers intéressés.

SECTION TROISIÈME

LA LIQUIDATION FACULTATIVE EN DROIT, EST OBLIGATOIRE EN FAIT

Voilà donc le but de la liquidation et nous avons montré qu'il y avait utilité manifeste à procéder ainsi au lieu de partager les biens sociaux dès la dissolution de la société. Est-ce à dire que le partage immédiat soit impossible en droit ou même en fait ? En fait d'abord, il n'est pas impossible de concevoir la dissolution d'une société (en nom collectif ou en commandite simple), dont les dettes sont nulles, ou de petite importance et dont l'actif quoique supérieur au passif est restreint et facilement partageable. On peut comprendre que les associés, au nombre de deux par exemple, se partagent en nature les biens de la société ainsi que les dettes, et les créanciers peu nombreux ne songent même pas à protester, confiant en la solvabilité non douteuse des associés copartageants.

Cela se verra rarement sans doute, mais cela pourra se voir, car la loi qui suppose la liquidation ne l'a jamais réglementée et par suite ne l'a jamais imposée. Sans doute nous montrerons comment les associés d'une part, les créanciers d'autre part, ont toujours le droit de réclamer la liquidation de la société et la nomination d'un liquidateur; mais c'est en vertu d'autres principes et non pas en s'appuyant sur des dispositions légales qu'ils feront valoir leurs demandes. Nous savons bien que l'habitude de procéder à une liquidation après la dissolution de la société est passée dans les mœurs commerciales, mais quelle que soit la force de la coutume en notre matière, elle ne peut prévaloir contre l'intérêt contraire des divers intéressés. Même dans les pays qui réglementent la liquidation, rien n'empêche de procéder immédiatement au partage. « Si dès le jour de la dissolution, dit très justement le tribunal de Gand (1), les droits des intéressés se trouvaient fixés et liquidés, l'art. 111 (de la loi belge) deviendrait sans objet » (2). La Cour de Cassation a jugé dans le même sens que la liquidation qui précède le plus souvent dans les sociétés commerciales le partage de l'actif social n'en est pas le préliminaire indispensable et que les parties peuvent décider que le partage se fera immédiatement sans qu'il soit procédé à un épurement complet des comptes sociaux (3).

Le régime de la liquidation si favorable qu'il soit aux intérêts de tous n'était pas cependant connu ni du

(1) Trib. Gand, 22 sept. 77. *Pasicrisie belge*, 79, III, 169.
(1) Voyez aussi C. supér. autrichienne, 27 oct. 1885, n° 2368. *Ann. Dr. comm.* 1886-87.
(3) Cassat., 24 nov. 1885. S. 88, 1, 66.

droit romain (1), ni de l'ancien droit. Au XVIe et XVIIe siècle nous ne voyons rien qui approche de très près des pratiques actuelles. Savary dit cependant (2) qu'à l'expiration de la société il sera fait inventaire et que c'est seulement les dettes payées, qu'on partagera en nature les marchandises restantes et qu'on tirera au sort les créances divisées en lots sans, du reste, aucun recours ensuite de l'un contre l'autre quelqu'en soit le sort.

(1) TROPLONG (*Traité des sociétés* n° 997) a bien essayé d'établir que les Romains distinguaient déjà la liquidation et le partage. « La liquidation étant le résultat des comptes que les associés avaient à se rendre les uns aux autres des reprises de ceux-ci, des rapports de ceux-là. engageait des difficultés qui ne pouvaient être résolues que par l'action pro socio, car toute prestation personnelle d'un associé à la société, ou de la société à un associé, s'obtenait par cette action. Mais quand la liquidation avait fait connaître la masse partageable, c'était par l'action communi dividundo qu'on arrivait à la division et à l'attribution des lots ». Cette différence entre l'action pro socio et l'action communi dividundo est peut-être exacte (VAN WETTER, *Cours élément. de droit romain*, II, § 238 *bis*) (MOLITOR, *Les obligations en droit romain*, n° 662, t. II, p. 66). Mais il ne s'en suit pas qu'il y ait eu en droit une véritable liquidation. C'est qu'en effet à Rome, les sociétés commerciales n'avaient pas comme aujourd'hui le caractère de personnes morales. Chaque associé traitant avec un tiers s'engageait seul ou devenait seul créancier de ce tiers. Il y avait des associés et non une société. FRÉMERY .*Etudes de droit comm.*, p. 31. Il fallait donc à la dissolution régler les rapports qu'entraînait le lien social entre les associés et c'était le but de l'action pro socio. Mais on ne peut pas dire qu'il y eût réellement liquidation au sens où nous l'entendons aujourd'hui.

(2) SAVARY, *Le parfait négociant*, 2e partie, liv. I, ch. II. p. 389. De même dans les formulaires qu'il donne à la suite de son ouvrage, cet auteur recommande aux contractants de convenir que les dettes seront payées avant tout partage (*Formul. soc.*

Pothier ne s'explique pas différemment. Il pose en principe que la demande en partage peut être faite dès la dissolution de la société. Mais les parties peuvent convenir de surseoir au partage « afin de se défaire des effets communs (1) » et chacune des parties peut demander la vente des meubles jusqu'à concurrence de ce qu'il faut pour payer les dettes. Mais on ne peut voir, dans ces usages, une véritable liquidation, car il reste toujours que les créances, les dettes actives comme disent ces auteurs, se divisent de plein droit. Casaregis (2) à la même époque disait très expressément : « Dissoluta societate, capitalia ipso jure dividuntur in socios, et creditores particulares cujus libet socii, statim acquirunt, super portionibus divisis, jus hypothecœ non amplius resolubilis licet ipsi socii cum iisdem capitalibus novam societatem inirent. »

---

en comm., SAVARY, II° partie, l. I, ch. 2, p. 53), que même s'il se produit le décès d'un associé, la société ne sera dissoute que six mois après afin que pendant ce temps, le survivant puisse liquider les affaires (SAVARY, II° partie, *Form. soc. en nom coll.* l. I, ch. 2, p. 48) que même les associés dans l'année qui suivra la dissolution devront faire toutes les poursuites nécessaires à frais communs des créances échues au lot de chacun. (SAVARY, *Form. soc. en nom coll.* 2° partie l. I, ch. 2, p. 31).

· Déjà en 1308 on voit en Italie dans le statut de Lucca, l. IV, n° 47 que l'associé qui s'était refusé au règlement de comptes était « tenu dans les fers, emprisonné dans les cachots de Lucca » et torturé jusqu'à ce qu'il ait consenti au règlement de comptes (Confr. FRANCKEN, *Die Liquidadion der offenen handelsgesellschaft in geshichlicher Entwickelung*, p. 53).

(1) POTHIER. *Du contrat de société*, Edit. Bugnet, n. 165, p. 301.

(2) CASAREGIS, *Discursus legales de commercio*. Disc, 146, n° 39.

En somme, on commence à voir déjà que « la société doit durer après la mort de l'associé jusqu'à ce que les créanciers étant payés, on puisse arriver au partage des capitaux et des bénéfices (1). »

Nous n'essayerons pas de montrer comment on est arrivé à établir une liquidation semblable dans son principe à celle que nous avons l'habitude de voir fonctionner de nos jours (2). Qu'il nous suffise de dire que dès la fin du xviii° siècle, la pratique générale était de liquider les sociétés, et dès lors, on peut s'étonner que notre Code de Commerce n'ait pas songé à réglementer une institution désormais universellement admise.

L'attention du législateur fut attirée cependant sur ce point par les observations de plusieurs tribunaux — notamment du tribunal de commerce de Cologne (3) qui demandait s'il ne serait pas à propos d'ajouter à l'article 24 (du Projet) « que lors de la dissolution de la société en nom collectif, toutes les dettes passives doivent être amorties ». Le Tribunal et le Conseil de Commerce de

(1) Casaregis, disc. 146, n° 30.
Confr. Rogue. *Jurisprudence consulaire*, t. ii, p. 275.
Ansaldo. *Discursus legales de commercio et mercatura disc.* 98, n° 37.
Déjà Straccha, en 1669, rapportait une décision de la rote de Gênes où l'on voit une personne étrangère à la société, chargée de poursuivre en son nom les débiteurs de la société et de recevoir le paiement de tout ce qui lui appartient.
(2) Voyez la question très longuement traitée dans Sraffa, *op. cit.* chap. i.
(3) *Observat. des trib.* t. ii, p. 326.

Lyon (1) présentèrent même un projet de titre tout entier consacré à la liquidation, faisant remarquer avec juste raison que ni l'ordonnance de 1673, ni le projet du Code de Commerce ne parlaient de cette matière et que cependant de tout temps la majorité des liduldations avait donné lieu à de très grandes contestations. Ce projet est loin de contenir des dispositions toujours louables. D'une façon générale, on peut dire que s'il réglemente très soigneusement le mode de nomination des liquidateurs et leur responsabilité (il les obligeait à fournir caution au moment de leur entrée en fonctions), il ne s'occupe que tout à fait incidemment et de façon trop concise de leurs pouvoirs et de leurs droits.

Si imparfait qu'il fût, ce projet eût pu être utile au législateur qui préféra laisser dans l'ombre cette importante question. L'article 64 (2) suppose bien la liquidation de la société puisque, s'occupant de la prescription des dettes sociales, il distingue entre les associés non liquidateurs et les associés liquidateurs (3). Mais cette règle

(1) *Ibid*, t. ii, p. 534 et suiv.

(2) Cet art. 64 n'est dû d'ailleurs qu'à l'observation faite par M. Martin-Puech de la société en commandite Martin-Puech et Cⁱᵉ à la commission chargée de rédiger une analyse raisonnée des observations faites sur le projet de C. de comm. (Rapport des citoyens GOMEAU, LEGRAS et VITAL-ROUX, membres de la commission du Comm. sur l'art. 64).

(3) Au sujet de l'art. 52 du projet il fut question au Conseil d'Etat de la liq. « On ne peut soumettre aux tribunaux les liquidat. de soc. : ces sortes d'affaires sont trop compliquées pour que d'autres que les arbitres puissent parvenir à les démêler ». (CRÉTET, Séance du Cons. d'Etat, 19 févr. 1807.

LOCRÉ, *Esprit du C. de C.*, t. i, p. 205.

de détail mise de côté, le Code de commerce n'a donné aucun principe qui puisse servir de base en la matière. Peut-être le législateur de 1807 ne s'est-il pas occupé de la liquidation, pas plus qu'il ne s'est occupé beaucoup des sociétés par actions, parce qu'au moment de la rédaction du Code n'existaient pas ces grandes associations de capitaux qui vivent de nos jours, comptant leurs actionnaires par milliers, leur fortune par millions, que la liquidation d'une société paraissait chose simple et facile et qu'on ne croyait pas utile d'édicter des règles précises pour une situation qui ne présentait pas de difficultés dans la pratique. Peut-être aussi qu'en face d'une institution de date récente, le législateur a-t-il préféré laisser les usages se fixer plus profondément au lieu de diriger lui-même le mouvement juridique, et avant de les codifier.

Ce qui tendrait à faire croire qu'au moment de la rédaction du Code on n'était pas encore bien fixé sur l'obligation à la liquidation, sur la condition de la société en liquidation, sur le caractère et les pouvoirs des liquidateurs, c'est que les premiers auteurs qui ont commenté le Code de commerce, après avoir parlé des causes de dissolution, passent immédiatement à l'étude du partage sans s'arrêter à celle de la liquidation (1). Locré (2) lui-même,

---

(1) Ainsi ne traitent nullement de la liquidation ni DELVINCOURT, *Institut. de droit commercial*, 1823 ; ni MONTGLAVY et GERMAIN. *Analyse raisonnée du C. de Commerce*, 1824 ; ni DAGEVILLE, *C. de comm. expliqué par la jurisprudence*, 1828.

(2) LOCRÉS *Esprit du C. de commerce*, t. I, p. 110.

qui déclare cependant que « la dissolution de la société entraîne la liquidation et le partage » se contente ensuite de déclarer avec le Code civil que les règles du partage des sociétés sont les mêmes que celles du partage entre cohéritiers.

Malheureusement, la loi de 1867 n'est pas plus explicite que le Code de 1807. Seul l'article 61 a songé à préciser que le mode de liquidation doit être publié comme l'acte de constitution.

Depuis, alors que toutes les législations étrangères ont réglementé la liquidation des sociétés, alors que dans les réformes de codes et les lois nouvelles promulguées en grand nombre depuis une trentaine d'années, on a eu grand soin de définir les principes, les règles et le fonctionnement de la liquidation, la loi française de 1893 qui a réformé certains points de la législation des sociétés par actions n'a pas daigné dire un mot de la question. Cela est certainement très regrettable et fort étonnant, car s'il y avait intérêt à réglementer d'une façon minutieuse les actes constitutifs de la société, il y avait un intérêt tout aussi grave et aussi général à ce que le législateur s'occupât aussi des actes relatifs à la dissolution (1).

Disons plus : tandis que le contrat de société précise toujours comment la société sera formée et comment elle vivra, il ne dit pas toujours si et comment elle se

(1) DELOISON. *Examen du projet de loi sur les Soc.*, p. 147.

liquidera et il aurait dû paraître indispensable que la loi réglât la mode de liquidation, à défaut des associés qui sont loin de réussir à une entente parfaite au moment de la dissolution.

Quoiqu'il en soit, en l'état de notre droit, il semble bien que la liquidation soit purement facultative ; mais il faut aussitôt ajouter que les circonstances de fait obligeront presque toujours les associés à y recourir, que, d'autre part, les créanciers de la société dissoute ont toujours la faculté de forcer la main aux associés.

Nous disons que si la société ne passe pas nécessairement par l'état de liquidation, il n'en est pas moins vrai que presque toujours les statuts la prévoiront ou les associés, en décidant la dissolution, l'ordonneront. Si on peut concevoir, comme nous l'avons supposé, qu'une société dont l'actif est peu considérable et qui a peu ou point de dettes, se dissolve par hasard sans liquidation, comment admettre la même fin pour une société par actions dont le chiffre d'affaires, est immense, les créanciers innombrables, les comptes embrouillés, les biens absolument impartageables en nature ?

D'autre part, on comprend facilement qu'un partage immédiat sans liquidation peut léser les créanciers qui voient morcellé le patrimoine social, leur gage, et qui se trouvent dans la nécessité de réclamer à chaque associé sa part des dettes sociales. Il peut y avoir là pour les créanciers la source d'un préjudice ; aussi croyons-nous, comme l'explique très clairement M. Thaller (1), que tout associé peut s'opposer à la demande de la majorité des créanciers qui réclame le partage de l'actif brut et faire nommer un liquidateur par justice, mais que réciproquement tout créancier peut s'opposer de même à la répartition de l'actif brut.

On a dit cependant que les créanciers n'avaient pas le droit d'empêcher les associés de procéder au partage dès la dissolution. Mais ce partage anticipé se ferait alors aux risques et périls des associés, il n'aurait d'effet qu'entre eux et ne serait pas opposable aux créanciers sociaux, « relativement à qui la société est toujours réputée existante, faute d'avoir été liquidée » (2).

Ce n'est pas ainsi que nous entendons la chose. Pour nous, les créanciers sociaux ont même le droit de s'opposer au partage. Est-ce parce que, d'une part, les règles concernant le partage entre les cohéritiers sont applicables aux partages entre associés et que, d'autre part, les articles 824 à 831 du Code civil indiquent qu'à défaut d'accord entre les copartageants, la composition des lots

(1) THALLER, *op. cit.* 1ʳᵉ édit., p. 219.

Sic VIDARI, 4ᵉ édit., vol. II, nᵒ 1520-1530.

Contra. HOUPIN, *op. cit.* nᵒ 191. LÉVI, *op. cit.*, p. 33.

LYON-CAEN et RENAULT. *Traité*, t. II, p. 247. Voy. aussi PONT, *op. cit.* nᵒ 1949, qui considère que ce fait de provoquer la liquidation serait un véritable acte d'immixtion, et que les créanciers ont simplement la faculté de faire nommer des administrateurs provisoires.

(2) PARIS, *op. cit.* nᵒ 979, p. 551.

ne sera faite qu'après le paiement des dettes et lorsque les immeubles impartageables ont été vendus ? (1)

Non, car si ces opérations constituent bien une véritable liquidation, elles ne se produisent qu'à défaut d'accord entre les co-partageants . Si donc ceux-ci réglaient à l'amiable qui prendra tel bien dans son lot, qui se chargera du paiement de telle dette, les créanciers se trouveraient désarmés.

Il est inutile, en revanche, de supposer (2) qu'au moment où la société a traité avec les tiers, elle s'est engagée tacitement à ne pas se dissoudre sans liquidation. On ne voit pas en quoi cette idée d'un contrat tacite est nécessaire pour fonder le droit des créanciers à la liquidation. Nous disons plus simplement : les créanciers ont traité avec la société, personne bien déterminée ; il est évident qu'ayant agi avec elle, et elle seule, on ne peut leur imposer un autre débiteur. Et cela découle naturellement de ce principe qu'on ne peut forcer aucun créancier à accepter pour débiteur une personne autre que celle avec qui il a traité, que celui qu'il a librement choisi pour contractant, quels que soient les motifs de ce choix. Les créanciers de la société qui n'ont traité qu'avec elle, ne peuvent voir leurs droits contre elle diminuer par un fait auquel ils restent étrangers celui de la dissolution (3).

(1) Confr. MALAPEYRE et JOURDAIN, p 521, en note. PARDESSUS, *op. cit.* t. 4, p. 192, n° 1072.

(2) MONTÉGU. Essai sur la liquidation des sociétés. *Thèse*, Lyon.

(3) C. PARIS, 15 nov. 1886, *J. des Trib. de Comm.*, 1887. n° 11152, p. 405.

Bien plus, ces créanciers avaient deux actions, l'une contre la société, l'autre contre les associés. De quel droit anéantir l'un des débiteurs, supprimer l'une des actions? Sans doute, les associés peuvent toujours décider la dissolution de la société, mais les créanciers ont réciproquement le droit de demander la liquidation, c'est-à-dire une espèce de résurrection de la société défunte.

Pourquoi supposer que la société s'est engagée tacitement à respecter les conséquences du contrat passé par elle ? Cela est de droit. Nous le répétons : elle est liée par le seul et unique contrat qu'elle a passé, et cela suffit. De même que dans le cas d'une succession, les créanciers ont le droit de tenir toujours pour leur débiteur le défunt, ou mieux son patrimoine qui le représente, et dans ce but peuvent demander la séparation des patrimoines, de même ici les créanciers ont le droit de réclamer la séparation du patrimoine de la société défunte d'avec le patrimoine des associés, ses héritiers, c'est-à-dire la liquidation. Ce n'est pas la seule fois que nous aurons à constater l'analogie absolue qui existe selon nous entre la séparation des patrimoines qui peut suivre la mort d'une personne physique et la liquidation qui suit la dissolution d'une société de commerce.

Est-il possible d'objecter comme Vivante (1) que les

(1) VIVANTE. *Trattato teorico-pratico de diritto commerciale,* vol. II, parte I, n° 685, p. 121.

créanciers ne peuvent réclamer la liquidation parce
qu'ils n'ont rien à voir à l'administration d'une société
qui paie ses dettes; et que ce serait un malheur qu'ils
puissent provoquer la liquidation, « à savoir une destruc-
tion de l'actif social que les associés peuvent et veulent
conserver pour leur avantage ».

Il y a là une confusion manifeste entre la dissolution
et la liquidation. Les créanciers qui n'ont en principe
sur le patrimoine social que le droit de gage général
de l'art. 2093 ne peuvent certainement pas empêcher la
société débitrice de continuer son entreprise, de contracter de nouvelles dettes, de modifier à son gré
l'étendue de ce gage général, ne peuvent donc la forcer
à se dissoudre. Mais il s'agit de savoir si la dissolution,
une fois décidée par les associés, ne transforme pas
le droit des créanciers en immobilisant leur gage auquel
désormais on ne peut plus toucher, parce que la dis-
continuation de l'entreprise restreint sa raison d'être
à ceci seulement qu'il doit servir au paiement des
dettes sociales. Il nous semble que, s'il est vrai que les
créanciers, ayant traité avec la société sans lui demander de sûreté spéciale, ne sauraient s'opposer à ce que
la société dispose de ses biens dans l'intérêt de son
industrie ou de son commerce, il est exact aussi que la
cessation des opérations actives supprime la seule condition qui permettait la disposition du gage ; celui-ci n'a
plus qu'une seule fonction : servir à éteindre le passif
déjà existant. Il est impossible que les associés se par-

tagent l'actif avant l'extinction du passif, pas plus qu'ils n'avaient pas le droit quand la société était in bonis, de se servir de ses biens dans leur propre intérèt et pour la satisfaction de leurs dettes personnelles (1).

La dissolution tranforme définitivement le but de la société. Il est dès lors bien entendu que de nouvelles opérations actives sont impossibles. Que répondre aux créanciers qui, logiquement, viendront dire aux associés : Ce patrimoine social est à nous, et vous n'y pouvez toucher qu'après que nous serons satisfaits, nos droits passent avant les vòtres, parce qu'ils sont purs et simples et portent sur la totalité de ce patrimoine, les votres sont conditionnels, et ne portent que sur les bénéfices réalisés, autrement dit, sur ce qui restera dans la caisse sociale après extinction du passif.

Peut-on croire que l'intérèt que les créanciers ont à la liquidation, c'est-à-dire assurer leur paiement, est suffisamment protégé par leur droit de demander la faillite en cas de nécessité ? Lorsque les biens sociaux auront été partagés, ce n'est pas la déclaration de faillite qui permettra de reconstituer le gage des créanciers, dissipé par les associés, et leur demande ne tend pas à autre chose qu'à éviter que ce fait puisse se produire.

On comprend donc que dans les législations belges et allemandes où la liquidation se poursuit en vertu des règles légales, si l'acte constitutif ou les statuts sont

(1) Vide art. 201, C. Comm. italien.
Et art. 141, C. Comm. allem.

muets, et où, à défaut de nomination de liquidateurs, les associés gérants et les administrateurs, sont, à l'égard des tiers, considérés comme liquidateurs, les créanciers, n'ayant pas à craindre un partage prématuré de l'actif, et ayant toujours devant eux un organe social contre lequel ils pourront faire valoir leurs droits, sont absolument sans intérêt pour requérir la nomination d'un liquidateur.

Il n'en est pas de même en France et leur intérêt est évident, parce que, s'ils n'ont pas à s'ingérer dans la liquidation, s'ils ne peuvent réclamer qu'on leur fournisse le moyen de régler la liquidation comme ils l'entendent, leur initiative leur permet du moins d'empêcher le patrimoine social de tomber dans l'indivision en donnant à la société un nouveau représentant qui soutiendra sa personnalité morale.

C'est ce que l'on admet en Italie, où cependant, d'après l'article 197 du Code de commerce, « tant que la nomination des liquidateurs n'a pas été faite et acceptée, les administrateurs sont dépositaires des biens sociaux et doivent remédier aux affaires urgentes. » On considère que les tiers peuvent être lésés par cet état de choses anormal d'une société en liquidation administrée par des représentants qui, devant simplement conclure les actes indispensables, ne peuvent faire aucune opération vraiment utile (1).

(1) La demande doit être faite « par les administrateurs ou ceux qui y ont intérêt » (Art. 197, *C. comm. ital.*)

Le droit des créanciers à la demande en nomination d'un liquidateur rentre donc dans la série des mesures conservatoires qu'on ne peut leur dénier, et si l'on objectait encore qu'ils n'ont pas le droit de s'immiscer dans la liquidation parce que le liquidateur ne les représente pas (1), il suffirait de répondre que la société est intéressée à sa propre liquidation et « c'est en son nom que ses créanciers demandent au tribunal d'y pourvoir » (2).

Aussi, il n'est pas douteux pour nous que les créanciers puissent réclamer la liquidation, et les créanciers de toutes sortes, les créanciers ordinaires comme les créanciers à terme ou conditionnels, les créanciers à créances échues comme les créanciers à créances exigibles. Dans les grandes sociétés par actions, banques ou compagnies de chemin de fer, ils existe d'autres créanciers, non plus des tiers qui ont traité avec la société dans l'exercice de son entreprise ou de son commerce, mais des obligataires, prêteurs de deniers, envers qui la société s'est engagée à un remboursement des fonds par eux livrés dans un certain nombre d'années. Ceux-là aussi ont droit à la liquidation et pour les mêmes raisons. Bien plus, ils auraient, eux, le droit de s'opposer à la dissolution de la société, si cette dissolution avait été décidée par les associés à leur préju-

(1) RUBEN DE COUDER. Répert. v. *Soc. en nom. coll.*, n. 558.
(2) THALLER. *La faillite des agents de change*, p. 79.
Sic C. PARIS, 20 février 1880. *J. S.*, 1880, p. 503.

dice et sans que rien la motivât, que le désir de leur nuire.

Tout au moins, auraient-ils alors dans le cas où les obligations sont remboursées par voie de tirage au sort, le droit de voir continuer le service des coupons, jusqu'au remboursement normal de leurs titres. Nous aurons l'occasion de revenir plus tard sur cette question délicate des droits des obligataires en cas de dissolution et de liquidation des sociétés.

Pour l'instant, il nous suffisait d'indiquer les droits et l'intérêt qu'ont les créanciers à intervenir à défaut des associés pour demander la liquidation. Et cela nous permet de mieux comprendre maintenant pourquoi il ne suffit pas que le liquidateur ait reçu quitus des associés pour que la liquidation soit considérée comme terminée. Si, au moment où le liquidateur demande la décharge de ses comptes — et peu importe que cette décharge lui soit accordée, et peu importe que les associés se partagent l'actif alors existant de la société — si, à ce moment, disons-nous, il y a des créanciers sociaux non soldés, à leur égard, la liquidation continue.

En conséquence, ils pourront demander à ce que les associés versent dans la caisse sociale les sommes par eux indûment touchées, ils pourront encore actionner les associés individuellement jusqu'à concurrence des parts qu'ils ont reçues et ils auraient sur ces parts un droit de préférence opposable aux créanciers personnels de l'associé poursuivi (1).

Nous venons de constater que la liquidation sera la règle et suivra presque nécessairement la dissolution de la société. Mais l'on pourrait se demander pourquoi il n'a pas paru utile d'instituer pareille procédure dans le cas où ce n'est plus une société mais un commerçant ordinaire. qui cesse de continuer son entreprise commerciale, qui se retire des affaires, comme on dit dans le langage courant. La réponse est simple. Dans l'hypothèse que nous étudions, il n'y a pas et il n'y a jamais eu deux patrimoines distincts. Si l'on considère la société et les membres qui la composent, on voit deux masses de biens — le patrimoine social d'une part le patrimoine des sociétaires d'autre part — ces deux masses ayant chacune une existence séparée, des organes différents, des créanciers n'ayant pas le même gage. La liquidation a pour but d'éviter la fusion entre ces deux masses qui s'identifieraient par la dissolution de la société si on n'avait pas un régime spécial qui empêche leur union. Au contraire, le patrimoine du commerçant ne se sépare pas en deux parties, l'une qui garantirait ses engagements commerciaux, l'autre ses engagements purement civils. Lorsque ce commerçant

(1) Une fois les créances payées la liquidation est-elle indispensable? Si le pacte social l'a prévue, cela ne fait pas de doute, on ne pourra s'en dispenser.

Dans le cas contraire, le juge devra apprécier l'intérêt et le but des associés.

cesse de continuer ses opérations, ses créanciers commerciaux n'ont pas plus de droits qu'ils n'en avaient pendant sa vie commerciale, et tandis que leur débiteur continue à être l'organe de cet unique patrimoine, eux, créanciers, à quelque titre qu'ils agissent, ne peuvent lui en ôter l'administration et encore moins, s'ils n'ont une sûreté spéciale, s'approprier au détriment des créanciers civils, une partie des biens de leur débiteur pour garantir spécialement leurs créances. Leur seule ressource c'est la demande en déclaration de faillite ou en liquidation judiciaire, mais pour cela, ne l'oublions pas, il faut qu'ils puissent invoquer la cessation des paiements.

Il n'y a donc aucune analogie de situation à établir entre la dissolution d'une société et le fait pour un commerçant de se retirer des affaires. Bien différent serait le cas où un individu, commerçant ou non, vient à mourir. Dès l'instant de son décès, les biens du défunt passent à ses héritiers qui les possèdent d'une façon indivise jusqu'au moment du partage, de même que la dissolution de la société rend indivis entre les associés le patrimoine social, mais d'une part, les héritiers peuvent demander le bénéfice d'inventaire, d'autre part, les créanciers du decujus peuvent réclamer la séparation des biens comme dans le cas de dissolution de société, les sociétaires et les créanciers peuvent demander, la liquidation. Les deux situations sont exactement les mêmes, avec cette seule différence qu'en pratique, ce sont les héritiers même qui liquident la succession de leur auteur, qu'au contraire les associés délèguent en général leurs pouvoirs à un tiers qu'ils considèrent comme plus apte qu'eux-mêmes à ce genre d'opérations.

SECTION QUATRIÈME

DIVERSES ESPÈCES DE LIQUIDATIONS

§ I.— Liquidation amiable.

Il n'est pas inutile de le faire remarquer, la liquidation d'une société, qu'elle soit voulue par les associés que ceux-ci s'y résignent par nécessité, « est la propriété de tous », ainsi que s'est exprimée la Commission de révision du projet de C. de Commerce (1). Il est, en effet, normal que les associés ayant des droits égaux à défendre puissent exercer chacun un contrôle efficace. Mais les associés si nombreux surtout dans les sociétés par actions n'arriveraient presque jamais à s'entendre (2). La plupart d'entre eux n'ont pas les capacités nécessaires pour le règlement d'affaires si délicates. Il serait à craindre que les liquidations déjà si compliquées ne traînassent en longueur indéfiniment. Aussi, les associés choisissent un représentant qui agira pour leur compte ou mieux pour le compte de la

(1) LOCRÉ. *Esprit du C. de comm.*, p. 26.
(2) Confr. TROPLONG, *op. cit.*, n° 1000.

société. Ce sera le liquidateur. Dans la majorité des cas, les choses se passeront de cette façon et c'est ce liquidateur qui transformera les biens sociaux en numéraire, agira en toute occasion utile en justice au nom de la société, paiera les créanciers, fera le projet de répartition. Ce sera le mode de liquidation normal, celui qu'on a l'habitude d'étudier quand on s'occupe de la question.

Cependant, il arrive quelquefois que les choses se passent de façon différente. Les associés pourraient stipuler que le fonds social sera attribué à un seul d'entre eux à la charge de payer les dettes et de donner certaines sommes à ses coassociés (1). Mais cela n'empêcherait pas le créancier social non payé de s'adresser à n'importe lequel des associés pour lui réclamer le paiement intégral de sa créance, ou le paiement de cette créance, jusqu'à concurrence de sa part, suivant les cas, si mieux n'aime d'ailleurs ledit créancier demander la liquidation normale de la société.

Ce mode de liquidation ne peut se présenter que rarement et dans les sociétés dont l'actif n'est pas considérable. Il arrive très fréquemment au contraire qu'une société cède son actif à une société nouvelle sous la condition d'acquitter son passif et quelquefois moyennant l'attribution d'un certain nombre d'actions libérées de cette société (2). Cet apport de l'actif social à

(1) Req. 3 mars 73, D. 73, I, 248.
(2) Paris, 28 février 94. *Bull. C. Appel,* n° 17, mars 1894.

une nouvelle société emporte non-seulement la dissolution, mais encore la liquidation de la première société.
Mais il faut prendre garde qu'on ne saurait contester
aux créanciers le droit de s'y opposer si le passif n'a
pas été complètement éteint (1). De quel droit substi-
tuerait-on à l'avoir de la société primitive qui forme
leur gage, les actions d'une société dont ils ne peuvent
être obligés de suivre la fortune ? De quel droit les
obligerait-on à changer de débiteur ?

Du reste, les créanciers ont droit a être payés en espèces;
rien ne peut les obliger à accepter en paiement les
actions de la nouvelle société (2). Ainsi pour les créanciers
non payés, cette cession de l'actif social est sans valeur en
ce sens qu'ils sont toujours recevables à agir contre la
société dissoute. Mais la jurisprudence, voulant complètement les protéger, leur accorde en outre une
action directe et personnelle contre la société cessionnaire (3). Le seul moyen qui permette donc de se
débarrasser de ceux qui refuseraient de recevoir en
paiement les actions de la société nouvelle serait de
réaliser un certain nombre de ces actions et avec les
deniers ainsi acquis, on étoufferait les justes réclamations des créanciers (4).

(1) Bruxelles, 3 déc. 91. *Pas, 92,* II, 248.
Il faut le consentement de la moitié des associés possédant
les 3/4 du capital social. (Art. 115, loi belge de 1873).
(2) Comm. Bruxelles 7 mars 90. *J. des S.* 90, 408, *J. des Trib.
de Bruxelles,* 1890, n° 711, col. 559.
(3) Cass. 17 fév. 79. S. 80, I, 449.
Confr. Belg., jud. 4 juin 91. *La liq. des soc. comm.*
(4) HOUPIN. *Op. cit.,* n° 843.

Nous devons encore signaler le mode tout particulier de liquidation employé par les Compagnies d'assurances (1). Les Compagnies d'assurances qui se dissolvent cèdent leur portefeuille à une autre Compagnie qui encaissera désormais les primes et sera substituée en revanche aux obligations inhérentes aux polices. Mais, les tiers assurés qui ont traité avec la Compagnie cédante peuvent se refuser à voir dans la Compagnie cessionnaire, un nouvel assureur. Cette dernière, lorsqu'elle touchera les primes, ne pourra se présenter que comme la mandataire de l'autre Compagnie qui, malgré sa liquidation, conservera une caisse sociale, un fonds de réserve capable de répondre des risques jusqu'à l'arrivée du terme de tous les contrats en cours. Et ainsi, l'assuré, comme le créancier en cas d'apport de l'actif d'une société ordinaire à une nouvelle société a deux actions, une contre la société cédante, son premier assureur, la seconde contre la société, assureur concessionnaire.

En somme, les associés ne peuvent jamais diminuer contre le gré des créanciers, les sûretés que la loi leur accorde. Si l'actif social avait été partagé avant le paiement des dettes, les tiers pourraient faire condamner les associés « à rétablir dans la caisse sociale ce qu'ils en ont prématurément retiré (2). » De même,

(1) Voir THALLER, 2ᵉ édit., n° 461, p. 261.

(2) Ainsi s'exprime un arrêt Cass. Req., 2 déc. 91, D. P., 1892, I, 154, employant des termes identiques à ceux d'un arrêt antérieur de la même cour du 9 février 1864, D. P. 1865, I, 76.

Confr. Req., 28 janv. 1884, D. P. 1884, I, 145.

si les associés liquident mais en ne laissant pas aux créanciers toutes les garanties auxquelles ils ont droit, ceux-ci peuvent réclamer en justice le rétablissement de ces garanties.

Ainsi, laissant de côté le cas où les associés pour éviter les formalités et les frais liquident eux-mêmes les rapports sociaux, le cas d'apport de l'actif à une nouvelle société, nous pouvons dire qu'en règle générale un ou des liquidateurs seront nommés. La liquidation étant en principe facultative, il n'y a pas en effet de liquidateurs de plein droit et si par suite de décès ou de disparition il ne reste plus qu'un seul membre de la société dissoute sans qu'aucun associé ait été investi de la qualité de liquidateur, cet unique associé n'a pas le droit de prendre cette qualité (1). Il n'y a pas non plus dans nos lois de disposition édictant qu'à défaut de nomination de liquidateur, les administrateurs ou gérants en fonctions seront chargés des opérations de liquidation (2).

Il arrive très fréquemment que le pacte constitutif prévoyant à l'avance la dissolution de la société donne lui-même le nom des liquidateurs. Cela se présentera cependant rarement dans les sociétés par actions créées pour une durée indéterminée et dont les liquidateurs désignés par avance seraient probablement morts au

(1) Cass., 13 juin 1831, D ; 1831, i, 200.
(2) Au contraire, art. 113, loi Belge. Art. 51, Code hongrois. Art. 244, Code allemand : « La liquidation est faite par les soins de la direction, si...»

moment de son extinction (1). Les associés ont donc très souvent aussi à régler cette question au moment où la société disparaît ou va disparaître. La doctrine d'une façon générale (2) décide que l'unanimité des associés est nécessaire pour cette nomination et cela parce qu'il s'agit de former un nouveau contrat et que toute convention exige le consentement unanime de tous les cocontractants. Certains arrêts semblent accepter ce principe (3) et ils décident que l'unanimité serait encore nécessaire pour la désignation d'un nouveau liquidateur

(1) Le pacte constitutif pourrait cependant décider que les administrateurs en fonctions feront la liquidation. On a dit en sens contraire que dans les sociétés anonymes, les liquidateurs ne doivent pas être nommés par l'acte de constitution car les associés pouvant vendre leurs actions, il est impossible de prévoir qui sera intéressé à la société au moment de sa dissolution (Malapeyre et Jourdain, p. 324.)

(2) Pont. *Op. cit,* nᵒˢ 1938, 39. Troplong, *op. cit.,* nᵒ 1025. Bédarride, *Comment. du C. de comm.,* nᵒ 591. Dolez, *De la Soc. en comm. par int. et par act.,* p. 245. Houpin, *op. cit,* nᵒ 387. Vavasseur, *Traité. des Soc. civ., et comm.* nᵉ 242. Lyon-Caen et Renault, *Précis,* 1ʳᵉ édit., t. i, nᵉ 564.

Contra. Persil. *Des Soc. Comm.,* p. 380. Malapeyre et Jourdain, *op. cit.,* p. 323. Delongle, *op. cit.,* 685, Boistel, *Droit comm.,* 3ᵉ édit., nᵒ 380, p. 267.

Bravard-Veyrière et Demangeat qui répondent que si on est libre de former ou non une société, il y a nécessité lorsque la société a existé, de la liquider et par conséquent de nommer un liquidateur que, « dès lors cette nomination a un caractère de nécessité qui est inconciliable en soi avec l'idée de contrat et n'offre pas ce caractère de liberté, de spontanéité qui préside à tous les contrats et qui est de leur essence ». (T. i, p. 443).

(3) Trib. civ. Seine, 24 février 1892. R. S. 1892, p. 254. Note Lévi-Léon., Comm. Seine, 27 avril 1892. R. S. 1892, p. 471.

C. Paris, 9 juillet 96. *Le Droit,* 13 déc. 1896.

·en remplacement du premier. Cependant, la jurisprudence distingue plutôt entre les sociétés par intérêts et les sociétés par actions comme l'ont fait le Code de Commerce allemand (art. 205 et 244) et le Code de Commerce italien (art. 210) (1).

Dans les premières, l'unanimité est la règle ; dans les secondes, la majorité impose sa loi ; sinon il y aurait en effet impossibilité de fait absolue à la nomination du liquidateur. On ne peut trouver étonnant que l'assemblée générale constituée d'une certaine façon puisse décider du mode de liquidation puisque l'article 31 de la loi de 1867 lui permet, sous certaines conditions aussi, d'apporter des modifications aux statuts sociaux ou de décider la dissolution qui est la cause elle-même de la liquidation Ainsi, l'assemblée générale aura les droits que nous venons de lui accorder si elle est composée d'actionnaires représentant au moins la moitié du capital social (2). Pour M. Thaller, la majorité des voix plus une suffirait sans qu'on ait à admettre la nécessité particulière d'un quorum (3).

(1) Les associés présents doivent représenter les 3/4 du capital social et la résolution doit être adoptée par un groupe représentant au moins la moitié de ce capital.
De la loi Belge de 1873, art. 112 ; la majorité des associés lie la minorité même dans les sociétés en nom collectif.
(2) Trib. Comm. Seine, 22 juillet 91. — R. S. 1891, p. 557. — C. Aix, 11 nov. 1871. D. P. 73, 3, 1878. — Trib. civ.. Seine, 30 mai 1894. R. S. 1895, p. 24.
(3) THALLER. *Questions de droit nées de la liquidation du Comptoir d'Escompte. Annales, Doctrine*, 1891, p. 11, en note.

Qui sera nommé liquidateur ? Quelquefois un associé même, quelquefois un tiers étranger à la société. Ce pourrait être un commanditaire (1), c'est le plus souvent un homme d'affaires qui a pour profession de s'occuper de ces sortes d'opérations et dont l'expérience offre des garanties aux associés. Il peut y avoir un ou plusieurs liquidateurs ; on a vu même dans quelques cas, rares il est vrai, un conseil de liquidation chargé du règlement des rapports sociaux ou plus souvent de surveiller les opérations du liquidateur (2). Enfin on ne voit pas pourquoi il ne serait permis de choisir que des personnes physiques et il nous semble qu'une autre société pourrait être chargée des travaux de liquidation (3).

De quelque façon que le liquidateur ait été nommé, il il a reçu tantôt un mandat précis, déterminé ; fréquemment la mission très générale de liquider la société. Dans le premier cas, le liquidateur doit s'en tenir strictement au rôle qui lui a été fixé, car ici comme partout s'applique le principe que la convention fit la loi des parties. Dans le second cas « les pouvoirs ordinaires et de droit à lui conférés par le mandat même qu'il reçoit, et sans qu'il soit besoin que ces pouvoirs soient

____

(1) Bordeaux, 20 août 1339. D. P. 1840, 2, 44.

(2) C. Paris, 13 juin 93. R. S. 1893, p. 443. C. de justice civ., Genève 25 août 1884. *Sem. jud.* de Genève, 1885, 53 rapporté dans *J. des S.* 1889, p. 497.

(3) Confr. Gand, 13 févr. 1879. Belg. jud. *La liq. des soc. comm.*, 1879, p. 1110.

autrement déterminés sont ceux qui doivent lui permettre de réaliser l'actif, d'éteindre le passif, et ce passif éteint, d'établir les comptes des associés entre eux » (1). C'est seulement, et cela est évident, lorsque le liquidateur a été nommé sans pouvoirs déterminés qu'il est intéressant de se demander quels ils sont exactement, et, comme d'autre part, ainsi que nous l'avons expliqué, la législation française est muette sur ce point, il est de toute nécessité de définir d'abord d'une façon précise leur caractère juridique. Quoique nommés en principe par les associés, ils ne les représentent pas car ce qu'ils ont à liquider, c'est une masse de biens qui n'est pas encore rentrée dans le patrimoine individuel de chaque associé. Cela revient à se demander au nom de qui ils agissent, quelle est la condition juridique de la société en liquidation, et c'est la base même de la présente étude.

§ II. — **Liquidation judiciaire**

La question ne change pas, si à défaut d'entente entre associés, c'était entre les mains de la justice que les sociétaires remettaient leur cause. L'unanimité réclamée par les auteurs, lorsqu'il s'agit de nomination d'un liquidateur ne se présente pas toujours en effet, et c'est alors le tribunal de commerce qui est chargé de cette

(1) Trib. comm. Seine, 17 mars 91. — *Revue des Soc.* 91, p. 447.

mission. Remarquons en passant que c'est un jugement qui doit intervenir ; une sentence rendue sur simple requête et en chambre du conseil ne serait pas
suffisante, car il y a contestation entre les associés et
seul un jugement peut régler le litige (1).

Lorsque la dissolution est décidée par jugement, le
même jugement nomme en général aussi les liquidateurs. Enfin, dans un cas particulier, il y a toujours
lieu à nomination judiciaire, c'est celui de la nullité de
la société, car, par le fait de la déclaration de nullité, il
n'y a plus d'associés, plus de collectivité qui puisse
donner mandat de représenter la société vis-à-vis des
tiers (2). Dans toutes ces hypothèses, la liquidation judiciaire ne se présente pas de différence, dans sa marche,
avec la liquidation amiable.

Mais très souvent lorsque les tribunaux sont appelés
à intervenir, c'est plutôt que les associés se désinté-
ressent de la liquidation et que ce sont les créanciers
qui réclament un régime qui doit leur présenter plus
de garanties. Le but d'une liquidation devrait être en
principe d'arriver au partage de l'actif social toutes
dettes éteintes ; la liquidation ne devrait alors guère
intéresser que les associés. Mais il est bien rare, et cela
ne se comprendrait guère, qu'une société prospère
songeât à cesser brusquement l'exercice d'un commerce
fructueux. Sans doute une société en nom collectif peut

(1) Rouen, 10 mars 1881. *J. S.*, 1881, p. 447.
(2) LÉVI, *op. cit.* p. 32,

se dissoudre indépendamment de la volonté des associés, notamment par la mort de l'un d'eux. Mais la liquidation qui suivra cette dissolution forcée présentera peu de difficultés. D'une façon générale, et personne ne s'y trompe, quand les associés songent à se séparer c'est que les affaires vont mal et que les dettes menacent de couvrir l'actif ; c'est que tout au moins les bénéfices réalisés ne correspondent pas aux espérances des associés et que ceux-ci préfèrent abandonner cette entreprise mauvaise ; c'est, pour tout dire, que la société est dans un état approchant de celui de la cessation des paiements. Lorsque les associés voient d'une façon certaine qu'ils n'ont pas à compter sur un partage de l'actif social, que d'autre part ces associés sont des actionnaires non tenus personnellement, peu leur importe comment seront liquidés les biens de la société dissoute. Pourquoi s'occuperaient-ils du recouvrement des créances de la société, de la vente de ses meubles ou immeubles puisque par avance ils sont assurés de ne jamais être appelés à une répartition de deniers? Les créanciers de la société au contraire qui, lorsqu'elle s'éteint riche et prospère, savent qu'ils seront payés intégralement et laissent ce soin aux associés ou à leurs mandataires, ces créanciers, dans le cas qui nous occupe, s'inquiètent à juste titre de l'incurie des associés, ils s'émeuvent à l'aspect d'une situation qui peut leur être si préjudiciable. Ce sont eux alors qui s'adressent aux tribunaux et ceux-ci sur leur demande justifiée nommeront un liquidateur à défaut des associés.

Ainsi à première vue on pourrait croire que la liquidation amiable, qui suppose pour la société l'abandon volontaire ou forcé de son entreprise, mais avec des bénéfices réalisés, a pour but la réalisation de l'actif et sa répartition entre les associés, alors que la liquidation judiciaire suppose l'insolvabilité de la société dissoute, est constituée uniquement dans l'intérêt des créanciers et a pour but encore la réalisation de l'actif, mais sa répartition entre les créanciers au mieux de leurs intérêts. Ce serait trop dire cependant, car la nomination d'un liquidateur par justice pourrait fort bien se produire même dans le cas d'une société très riche. Ce qui est vrai c'est que si la société est dans une situation embarrassée le tribunal, sans déclarer la faillite, arrêtera les poursuites individuelles des créanciers et imposera au liquidateur de les payer, non plus intégralement et au fur à mesure qu'ils se présenteront, mais proportionnellement et quelque soit le caractère de leur créance, échue ou non échue.

Cela peut paraître extraordinaire car, que le liquidateur soit nommé par les associés ou par justice et semble qu'il devrait avoir le même rôle et les mêmes pouvoirs, les tribunaux se substituant simplement aux associés dans cette nomination, et les liquidateurs étant toujours simplement les mandataires des associés et jamais celui des créanciers. Si par exemple le pacte social avait prévu le mode de liquidation, le liquidateur nommé par justice devrait s'y conformer exactement.

Et cependant on a vu des jugements affirmer que lorsque la liquidation d'une société se poursuit en vertu d'une décision de justice et non point par la convention des associés, le liquidateur ne doit pas être considéré comme tenant ses pouvoirs de l'acte constitutif, « mais bien d'une mission judiciaire dont il appartient aux juges du fond de préciser les limites (1) ».

Les tribunaux de commerce qui ne semblent pas avoir sur la matière des données théoriques bien précises et qui se laissent influencer par les besoins de la pratique, et on ne saurait peut-être les en blâmer, ont créé, sans paraître même se douter des abus de pouvoirs qu'ils commettaient, un régime nouveau, inconnu de la loi et calqué de toutes pièces sur le régime de la faillite qu'il avait justement pour but d'éviter.

Ils n'ont d'ailleurs fait autre chose que d'appliquer aux sociétés un régime analogue que l'on rencontre en pratique dans l'hypothèse de la déconfiture (2). Il arrive fréquemment qu'une personne non commerçante se voyant acculée par ses créanciers et dans l'impossibilité de les satisfaire, leur abandonne librement ses biens, leur laissant le soin de les vendre et de se payer sur leur prix comme ils l'entendront. Ces créanciers qui auraient pu exercer des poursuites individuelles et se seraient

_____

(1) Cass. 19 févr., 1891. *J. S.*, 1893, p. 186. Cass. 23 déc. 1889, D. P., 1890, I, 169. *Contra.* PARIS, 3 déc. 1868. *Le Droit*, 20 janv. 1869.

(2) Confr. GARRAUD. De la déconfiture. *Revue pratique*, t. XLIV à XLVII.

vus réciproquement à la merci du plus diligent, de celui qui le premier aurait obtenu jugement contre le débiteur commun, d'où hypothèque judiciaire sur ses biens, ces créanciers s'entendent pour faire nommer par justice un curateur aux biens à eux abandonnés, qui les liquidera, les paiera au prorata et remettra au liquidé l'excédent d'actif si par hasard il s'en produisait un. Cette liquidation judiciaire des biens du déconfit, qui s'est introduite dans la pratique à cause de la mauvaise organisation de la déconfiture en notre droit, est une procédure anormale qui repose uniquement sur la convention des parties, car il est de toute évidence que personne ne peut obliger un individu non commerçant à abandonner la gestion de ses biens et ne peut obliger un créancier de cet individu à abandonner son action personnelle contre son débiteur.

Le même régime fonctionnait aussi autrefois dans le cas où un commerçant ayant cessé ses paiements voulait échapper à l'infamie de la faillite (1). Ici encore le débiteur malheureux abandonnait ses biens aux créanciers ; ceux-ci faisaient nommer par le tribunal un liquidateur qui réalisait l'actif et payait les créanciers proportionnellement. Les tribunaux de commerce en étaient arrivés peu à peu à assimiler complètement le rôle de ce liquidateur à celui d'un syndic de faillite. Sans doute, ici encore, chaque créancier eut été libre de ne pas accepter

______

(1) GARRAUD. Des liq. jud. de leur pratique et de leur ligalité. *J. des faillites*, 1882, p. 145.

cette façon d'agir et de demander la déclaration de faillite, mais on induisait l'acceptation de chacun de ce seul fait qu'il avait produit entre les mains du liquidateur. Aussi, faut-il répéter que cette procédure était encore illégale. On ne peut admettre que les tribunaux aient le droit de substituer une liquidation nouvelle à celle qui est organisée par la loi ni d'en créer une quand la loi ne l'a pas fait. Et cette façon d'agir était d'autant plus anormale que les tribunaux l'imposaient souvent(1) aux créanciers qui, ignorants de leurs véritables droits, ne songeaient pas à s'y soustraire.

Ces pratiques avaient pris une telle intension, qu'en 1876 le Garde des Sceaux fit faire une enquête à leur sujet et essaya de prohiber ces faillites déguisées (2). La jurisprudence consulaire accepta elle-même que la mise en liquidation prononcée par un autre tribunal ne pouvait arrêter la déclaration de faillite (3), et les Cours d'appels tinrent la main en réformant les jugements contraires à ce que les tribunaux de commerce ne se refu-

(1) THALLER. *Faillite des agents de change*, p. 75.

(2) Voyez la circulaire du parquet relative aux liquidations. Paris 24 août 1876.

« M. le Garde des Sceaux a été informé que dans plusieurs tribunaux consulaires, certaines pratiques contraires à la loi sur les faillites seraient habituellement suivies et tendraient à substituer les liquidations judiciaires aux déclarations de faillites.

Ces liquidations s'opèreraient avec l'assentiment du trib. qui... couvrirait de son autorité le règlement d'une faillite déguisée.., etc.

(3) Comm. Seine 18 avril 1877. *Gaz. des trib.*; 22 avril 1877.

sent pas à faire droit aux demandes formulées devant eux (1). Mais pour que ces liquidations judiciaires se soient implantées dans les habitudes commerciales il fallait qu'en évitant au débiteur les conséquences fâcheuses de la faillite, en diminuant les frais et les longueurs de la procédure, elles rendissent des services sérieux. Et la preuve en est qu'elles amenèrent la rédaction de la loi du 4 mars 1889 qui les rendaient désormais inutiles puisqu'elle créait un nouveau régime légal à côté de la faillite.

Le régime que l'usage avait établi pour les liquidations judiciaires de sociétés dans le cas d'insolvabilité, était absolument le même que celui dont nous venons de parler. Mais ici, on comprend encore mieux ce qui y avait poussé le juge. En matière de société, lorsque survient la cessation des paiements, on se trouve déjà devant une liquidation en mouvement. Pourquoi changer le liquidateur par le syndic, pourquoi doubler les frais, allonger la liquidation, puisque le régime que l'on a permet en l'appropriant aux circonstances de donner des résultats identiques (2). De plus, dans le cas de l'ancienne liquidation, judiciaire du commerçant, par l'organisation de ce nouveau régime, on dessaisissait le débiteur qui voyait ses biens passer aux mains d'un administrateur; au contraire le liquidateur, organe de la société voit simplement dans ce cas spécial ses

(1) Voron. *De la liquidation judiciaire de la loi de 1889,* p. 44.
(2) Thaller. Faillites en droit comparé, t. i, n° 52, p, 210.

pouvoirs étendus à la détermination des rapports entre créanciers par la volonté des créanciers eux-mêmes qui, du reste, acceptent ce régime parce qu'ils y trouvent toutes les garanties désirables. Si, en effet, ils n'enlèvent pas au représentant de la société insolvable la gestion de ses biens pour la donner à un syndic comme dans la faillite ; s'ils ne lui adjoignent pas au conseil comme dans la liquidation judiciaire de la loi de 1889, c'est qu'ils n'ont aucune raison de se méfier de cet agent qui, choisi par le tribunal et contrôlé par lui, ne peut et n'a pas d'intérêt à agir au désavantage des créanciers. Et c'est ce qui fait que malgré la loi de 1889, ces liquidations judiciaires de sociétés toutes particulières existent encore.

Cependant on peut augurer qu'elles finiront par disparaître complètement (1).

(1) On comprendra combien était élevé le nombre de ces liquidations judiciaires spéciales en constatant la décroissance du nombre total des liquidations depuis la loi de 1889.

Voyez les chiffres suivants :

	1887		1897
Nombre d'affaires aux mains des liquidateurs Au 31 décembre 1886.	294	Au 31 déc. 1896	128
Liquidations déclarées pendant l'année 1887, ou reprises par les liquidateurs.	214		171
Totaux...	508		299
Affaires terminées ou non suivies.	167		186
Reste au 31 décembre.	341		113
	Sur ces 341 30 affaires en faillite		Sur ces 113 7 en faillite

(Discours MICHAU, président du tribunal de commerce. *J. des faillites*, 1888, p. 136 et discours GOY, président du Trib. de comm., *Le Droit*, 20 janv. 1898).

Il est à remarquer tout d'abord que les sociétés anonymes qui sont en état de cessation de paiements demandent elles-mêmes la liquidation judiciaire de la loi de 1889. Elles n'ont, en effet, aucun intérêt à l'éviter puisque les associés ne sont tenus que jusqu'à concurrence de leur apport. Et dans ce cas, ce sont les administrateurs qui font le travail de liquidation assistés du liquidateur judiciaire nommé par le tribunal. D'autre part, depuis la loi de 1889, les tribunaux ont compris que le système qu'ils avaient créé n'était peut-être pas parfaitement légal et dans les règlements qu'ils ont imposés aux liquidateurs de sociétés accrédités devant eux, ceux-ci doivent s'engager à ne pas poursuivre une liquidation lorsqu'ils n'ont pas la certitude d'après les ressources actives de pouvoir payer intégralement le passif. Donc, il n'y a plus aujourd'hui que certains cas dans lesquels les liquidateurs agissent à la manière des syndics, c'est quand le tribunal leur impose cette façon de procéder et ces cas deviennent de plus en plus rares. Cependant, il est encore intéressant d'étudier ces liquidations anormales, et lorsque nous aurons posé les principes qui régissent la matière, nous essaierons de montrer, comment les créanciers peuvent arriver à un paiement proportionnel, quoiqu'il n'y ait pas eu déclaration de faillite ou de liquidation judiciaire, sans qu'on ait à faire du liquidateur un représentant de la masse des créanciers, ce qui ne serait pas exact.

Après ces explications, est-il utile d'insistér sur ce fait que malgré leur nom commun il ne faut pas confondre les liquidations judiciaires de sociétés, qu'elles soient régies d'après les principes acceptés en matière de liquidation amiable ou qu'elles fonctionnent d'après les prátiques anciennement établies par les tribunaux de commerce, et les liquidations judiciaires organisées d'après la loi de 1889. Ces dernières, instituées dans le but d'éviter sous certaines conditions (1) au commerçant l'infamie dont la faillite le couvrerait, s'ouvrent néanmoins par une déclaration de cessation de paiement, tandis que l'insolvabilité de la société ne se manisfeste pas ouvertement dans la liquidation sociale, régime qui ne devrait même pas la supposer en fait. Aussi le liquidateur de la société reste le représentant exclusif du patrimoine en liquidation et ce n'est que par accident qu'il est appelé à régler les rapports des créanciers entre eux. Ceci, nous aurons l'occasion de l'étudier à fond dans le courant de notre étude. Qu'il nous suffise de rappeler que l'article 4 de la loi de 1889 distingue lui-même ces deux sortes de liquidations puisqu'il suppose une société déjà en liquidation qui se voit obligée de demander la liquidation judiciaire de la loi de 1889. Dans ce cas, le liquidateur social continue à avoir le

---

(1) La liquidation judiciaire ne peut être ordonné que sur une requête présentée par le débiteur. (Loi 4 mars 1889, art. 2 al. 1). Au contraire les liq. jud. de sociétés sont, nous l'avons vu, très souvent réclamées par les créanciers.

rôle actif, le liquidateur judiciaire n'étant chargé que de contrôler les opérations du premier ; son mandat n'est pas en effet de liquider, mais bien d'assister la société dans le règlement de ses affaires (1).

Il est cependant curieux de constater que lorsque les tribunaux eurent à se demander à qui ils devaient confier les liquidations judiciaires (loi de 1889), ce furent d'abord aux liquidateurs de société qu'ils songèrent, mais sur les réclamations justifiées des syndics de faillite, c'est à ces derniers qu'ils confièrent bientôt le soin d'opérations qui rentraient évidemment dans leurs attributions (2). On a fait souvent observer à ce sujet (3) que l'hésitation des tribunaux ne peut être attribuée qu'à ce mot de liquidation, qui, ce qui est regrettable, sert de commune appellation à toutes sortes de régimes cependant bien différents. Dans notre travail, il est évident que l'expression liquidateur judiciaire ne peut s'appliquer en général qu'au liquidateur de sociétés. Quand la confusion est possible, il vaudrait mieux appeler celui-ci liquidateur social, expression que semble avoir adopté quelquefois le Tribunal de commerce de la Seine (4). D'autre part, puisqu'en réalité le liquidateur

(1) Il est intéressant d'observer que la liquidation judiciaire de la loi de 1889, ne dissout pas la société d'après la théorie courante : au contraire la liquidation sociale suppose presque nécessairement une société déjà dissoute.

(2) Voir la confusion de BRUNET, liq. du Panama. *Annales de droit comm.*, 1889, p. 230.

(3) MONTÉGU, p. 12, en note.

(4) Comm. Seine. *Gaz, des Trib.* 1ᵉʳ février 1891

judiciaire de la loi de 1889 ne liquide pas le moins du monde, puisque c'est à proprement parler un curateur ou un conseil judiciaire, il eût mieux valu lui donner un de ces deux noms.

Ceci établi, il ne nous reste plus, pour en finir avec les dispositions générales sur la liquidation, qu'à dire quelques mots des agents chargés par la juridiction consulaire des liquidations de sociétés.

SECTION CINQUIÈME

DES AGENTS CHARGÉS PAR LES TRIBUNAUX DE COMMERCE
DE PROCÉDER AUX LIQUIDATIONS

Les tribunaux de commerce, dont le choix est libre en principe, nomment toujours des hommes d'affaires qui font profession de ces sortes d'opérations, et la raison de ce choix, mis de côté la question de compétence spéciale, est qu'ils ont les moyens de contrôler facilement la façon dont ils remplissent leur mandat. En province, c'est parmi les agréés, les avoués, quelquefois parmi les syndics comme à Lyon (1) que sont recrutés ces liquidateurs. A Paris, ce sont des agents spéciaux dont le nombre est limité qui s'occupent exclusivement des liquidations judiciaires. Un règlement du

(1) Voyez art. 1 du règlement adopté par le Trib. de Comm. de Lyon, le 22 mars 1865, dans *J. des faillites*, 1882, p. 222.

tribunal du 1ᵉʳ juillet 1866 fixait leur nombre à dix. En 1884, ces liquidateurs se formèrent en société civile et prirent le nom de liquidateurs-administrateurs de sociétés près le tribunal de commerce de la Seine, et le tribunal par un nouveau règlement du 9 octobre 1884, complété par les statuts de la société, homologués par lui, organisa les fonctions de ces auxiliaires de la justice (1). A cette époque, leur nombre fut élevé à quinze; ils ne sont plus que huit aujourd'hui, et cela vient de ce qu'ils ne s'occupent plus guère maintenant de ces liquidations spéciales dont nous avons parlé, dans lesquelles le passif de la société excède l'actif et qui sont des faillites non déclarées.

On s'est plaint de ce que le tribunal de commerce ait aussi donné à ces liquidateurs un monopole de fait à peu près aussi complet que celui des agréés. Ne vaudrait-il pas mieux confier dans certains cas la liquidation à un associé, quelquefois aussi à une personne possédant les connaissances techniques indispensables dans le genre de commerce ou d'industrie qu'exerçait la société en liquidation? Ne pourrait-on pas aussi ajouter dans le même sens que la concentration d'un nombre trop considérable d'affaires dans les mains du

---

(1) Pandectes françaises. Répert. vᵒ liquidateurs de société.

Confr. Code pratique des liquidations et faillites par Frémont et Camberlin, t. ɪ.

Voyez dans le discours du président Deshayes. (*La loi*, nᵒ du 22 janv. 1885) les raisons qui poussèrent le tribunal à établir ce règlement.

même individu ne peut que ralentir la marche de la procédure, et que, dans les crises industrielles ou financières, alors que les liquidations au lieu d'être retardées devraient être au contraire rapidement achevées, les liquidateurs accablés de besogne ne peuvent suffire à la tâche (1) ? Ces reproches ne sont pas dénués de tout fondement, mais on peut répondre que le tribunal n'a pas le temps de s'enquérir de la capacité et de l'honorabilité des agents d'affaires qui se présenteraient. Il doit toujours avoir sous la main des hommes qu'il connaît et qui présentent toutes les garanties. Les liquidateurs-administrateurs ne sont choisis en effet et admis dans la compagnie qu'après une enquête approfondie sur leur moralité ; ils doivent avoir fait un stage déterminé dans une étude de liquidateur ; ils doivent encore être licenciés en droit. Ils ne peuvent du reste se livrer à aucune entreprise ou spéculation quelle qu'elle soit (art. 14 des statuts), et ne peuvent même accepter les fonctions de liquidateur amiable sans en référer au tribunal (art. 15 des statuts).

Mais la raison du monopole de fait des liquidateurs-administrateurs, c'est avant tout que le tribunal peut à tout instant contrôler leurs opérations, que d'autre part, ils présentent des garanties de bonne gestion et de solvabilité que ne présenteraient pas d'autres agents d'affaires.

(1) Dall. Suppl. v° faillite, n° 781.

Les liquidateurs-administrateurs, du moins à Paris (*Contra* Lyon, art. 1 du règlement), ne sont pas soumis à la surveillance d'un juge-commissaire et cela se comprend car, représentant seulement la société, la validité de leurs actes ne pourrait être subordonnée à l'homologation du tribunal, mais le règlement de 1884 leur impose tout d'abord une comptabilité spéciale. Ils doivent inscrire toutes leurs opérations sur un livre-journal et transporter ensuite ces écritures sur un grand livre au compte ouvert à chaque liquidation, le tout suivant un modèle fourni par le tribunal. Dans la quinzaine qui suit la prise de possession de la liquidation, ils remettent au greffe un extrait certifié de l'inventaire (art. 1 du règlement) puis tous les 10 jours, (toutes les semaines à Lyon, art. 6 du règlement), une feuille journal indiquant toutes les opérations faites depuis le dépôt de la dernière feuille, tant en mouvement d'espèces qu'en formalités judiciaires ou d'administration, tous les mois enfin un état indiquant le résumé des opérations en cours et le degré d'avancement de la liquidation. On voit que par ces moyens, le tribunal est toujours au courant des agissements du liquidateur qui, d'autre part, est soumis au contrôle de la chambre de discipline de la société (1) qui vise ses écritures tous les trois mois, fait un rapport au président du tribunal et peut appliquer elle-même certaines

(1) La Chambre de discipline est composée d'un président, un secrétaire-trésorier et un membre.

pénalités ou encore demander au tribunal la révocation du liquidateur en faute.

Ce n'est pas tout; les liquidateurs-administrateurs présentent d'autres garanties, celles-ci pécuniaires. Ils doivent en effet fournir un cautionnement de 25.000 fr., lequel est versé dans les mains du trésorier de la Compagnie (art. 8 du règlement, 7 des statuts). Pour le cas où ce cautionnement ne suffirait pas à couvrir la responsabilité du liquidateur engagé, un fonds commun de garantie collective et solidaire, constitué par une mise de 25.000 fr. par liquidateur, se trouve encore chez le trésorier qui est tenu de solder toutes les sommes qu'un liquidateur ne se trouve pas en mesure de rembourser (1) (art. 9 du règlement). Lorsque ce fonds commun est diminué, il doit être reconstitué dans le mois, (art. 5 du règlement) et cela grâce à une autre bourse commune constituée par le 25 % des honoraires. Cette seconde bourse sert aussi à payer les dépenses et les charges de la compagnie; le surplus est reparti également à la fin de chaque année.

Ces garanties paraissent largement suffisantes si l'on songe que les liquidateurs doivent verser dans les 24 heures à la Caisse des dépôts et consignations tous les fonds de la société en liquidation, au-dessus de 500 fr. (de 300 fr. à Lyon, art. 12), y déposer également au compte de chaque liquidation les titres nominatifs ou

(1) Les autres liquidateurs ont dans ce cas un recours contre le liquidateur insolvable.

au porteur inventoriés et dans les trois jours de l'inventaire (art. 4). La Caisse des dépôts sert, du reste, pour ces fonds, un intérêt supérieur à celui que donnerait un placement ordinaire, et c'est là encore un motif pour choisir de préférence les liquidateurs.

Quant aux honoraires de ces administrateurs, si les parties les trouvent exagérés, c'est le tribunal qui les arbitre sur requête présentée collectivement par eux et les associés.

On voit qu'il y a réellement intérêt pour une société à être liquidée par un des agents soumis à ces prescriptions, et qu'on ne peut guère reprocher au tribunal de faire porter toujours son choix sur eux. Les inconvénients qu'on signale à cela sont largement compensés pour les avantages que nous venons d'exposer. On comprend d'ailleurs comment le tribunal peut imposer à ces liquidateurs l'adoption des règles admises par lui, car son choix étant libre, il lui est facile de ne les nommer que sous certaines conditions, et nous venons de voir quelles elles sont.

Sans distinguer entre les liquidations amiables et les liquidations judiciaires, il est certain qu'une société dissoute devrait d'une façon générale être liquidée toujours d'après les mêmes principes. Laissant donc de côté le cas où la société est en état de cessation de paiement puisqu'il existe alors des régimes spéciaux, la faillite et la liquidation judiciaire (loi de 1889), il serait utile de se demander quels sont exactement le rôle et les pouvoirs des liquidateurs de sociétés. Mais pour cela, il faut avant tout et premièrement, savoir ce que sont juridiquement ces liquidateurs, en vertu de quelle loi ils succèdent aux organes de la société, ce qu'est elle-même pour mieux dire cette société en liquidation qui, quoique dissoute, se trouve avoir une vie propre et distincte de la personne des associés. C'est par là que nous allons continuer ce travail et ce sera certainement au point de vue théorique, la partie la plus importante de notre étude. Puis, lorsque nous aurons défini exactement la condition juridique de la société en liquidation, il sera temps de préciser le caractère juridique des liquidateurs. Et nous verrons alors que, représentants de cette société, ils doivent toujours agir en son nom et au mieux de ses intérêts, mais nous montrerons aussi comment, quoique non représentants des créanciers, ils agissent dans certains cas dans l'intérêt de ces derniers et d'après certaines règles qui, à première vue, pourraient les faire assimiler à des syndics de faillite.

CHAPITRE II.

SECTION PREMIÈRE

THÉORIE DE DELANGLE : LA DISSOLUTION TRANSFORME LA SOCIÉTÉ EN COMMUNAUTÉ.

On est loin de s'entendre sur le caractère juridique de la société en liquidation et la question ne semble pas être encore parfaitement résolue.

D'après les anciens commercialistes français, notamment Delangle et Pardessus, la dissolution de la société amènerait une rupture complète du lien social, si bien que le patrimoine de la société brusquement dépourvu de la personnalité morale deviendrait indivis entre les associés ; autrement dit la société se transformerait en communauté. « Le premier effet de la liquidation, dit Delangle (1), est de changer la nature des rapports existant entre les parties ; ce ne sont plus des

(1) DELANGLE. De la société de commerce, n° 681.

rapports sociaux et il ne reste plus qu'une simple communauté ».

De même Pardessus (1) s'exprime ainsi : « Par sa dissolution, la société cesse d'être un individu distinct des associés qui la composent ; chacun d'eux devient copropriétaire du fonds social, comme les héritiers le sont des biens de leur auteur » (2). Il semble que la jurisprudence acceptait parfaitement cette théorie dans les premiers temps qui suivirent la rédaction du Code de Commerce. Nous pourrons citer notamment un arrêt de la Cour de Cassation du 15 janvier 1812 (3) qui, s'il ne pose d'une façon précise le principe que la société en liquidation devient une communauté de biens, en tire du moins une conséquence logique à savoir que « le liquidateur d'une société dissoute ne peut être considéré et n'est en effet que le simple mandataire des anciens membres de cette société. »

Cette doctrine à peu près abandonnée de nos jours en France, a été soutenue plus récemment en Italie par Mancini (4) et Manfredi (5), ce dernier affirmant que « la société demeure éteinte et que les associés sont en communauté » parce que « la liquidation suppose en fait que déjà les associés ne se proposent plus de faire

(1) PARDESSUS, *op. cit.* n° 1084.
(2) Dans le même sens voyez encore MALAPEYRE et JOURDAIN, p. 340.
(3) SIREY. 1812, I, 113.
(4) *Relazione al Senato,* § 388.
(5) Societa anomina cooperativa, p. 190.

converger leur activité commune à la poursuite des intérêts communs, mais bien au contraire, qu'ils veulent reprendre chacun ce qui leur revient des choses et des mises qu'ils ont apportées ». A l'appui de son opinion cet auteur fait remarquer, se basant sur l'article 197 du Code de Commerce italien que la nomination des liquidateurs ne peut être faite qu'à l'unanimité ; or, il arrive justement que dans une communauté, rien ne peut être décidé sans l'assentiment unanime de tous les communistes. Mais il est facile de voir combien cet argument a peu de valeur, car le même article 197 ne réclame que la majorité des voix pour la nomination des liquidateurs dans les sociétés par actions, et si l'unanimité est exigée dans les sociétés en nom collectif, c'est une simple conséquence du caractère même de ces sociétés.

Du reste, on a fait observer quelles différences séparent la société en liquidation de la communauté. Le communiste a le droit de sortir de l'indivision à son gré, et la loi ne lui permet même pas de s'engager à y rester pendant plus de cinq ans (art. 815 Code civil) ; l'associé, au contraire, est tenu de laisser accomplir les opérations de liquidation avant de pouvoir réclamer sa part. Au surplus, tandis que la communauté n'a d'autre raison d'être que d'assurer le droit de chacun des communistes, la société en liquidation a pour but l'intérêt général et collectif des associés et aussi des créanciers de la société (1).

(1) Confr. Sraffa, *op. cit.* § 7.

Il faut l'avouer cependant, si l'on admet que la dissolution arrive par cela seul qu'il n'y a plus continuation
de l'entreprise sociale (quelle qu'en soit la cause d'ailleurs), et que cette dissolution est bien une mort complète et absolue de la société qui voit disparaître sa
personnalité morale, la théorie de Delangle paraît assurément très rationnelle. Après la dissolution, il n'y a plus
de société, partant, plus de sociétaires, mais seulement
des communistes. On n'eût certes pas songé à inventer
des théories plus ou moins raisonnables si on n'avait
été justement effrayé à l'idée de liquider la société
comme une communauté. Car c'est en effet par ses
conséquences, conséquences tellement contraires à
l'intérêt de tous, associés ou créanciers, que cette
théorie est insoutenable et qu'on s'est vu forcé de la
repousser.

Il n'est donc pas inutile d'indiquer en quelques mots
les résultats néfastes auxquels on devrait aboutir avec
ce système.

Chaque associé deviendrait copropriétaire des biens
sociaux ; et les actions ne pourraient plus être formées
que directement par les associés ou contre eux ; et
lorsque le liquidateur interviendrait, il devrait agir au
nom de chacun et de tous les associés qui devraient
figurer en nom dans tous les actes de la procédure. Les
parts sociales perdraient leur caractère exclusivement
mobilier pour prendre la nature des biens possédés en
commun et la transmission des parts devrait être soumise aux conditions de transmission de ces biens.

Les créanciers sociaux verraient disparaître le patrimoine social en tant que gage particulier et subiraient le concours des créanciers personnels des associés. D'autre part, les associés pourraient individuellement réclamer aux débiteurs de la société leurs parts des créances sociales.

En un mot « le mécanisme simple de l'organisation sociale serait remplacé par l'intervention multiple de tous les communistes » (1).

Telles sont les conséquences logiques du système de la communauté et il est tellement vrai qu'elles sont inacceptables que, par une anomalie étrange, les auteurs qui en sont partisans, ne suivent pas du tout les règles du partage des communautés, mais inventent au contraire un mode spécial de liquidation. Sans doute, d'après eux, les droits de chaque associé deviennent par la dissolution mobiliers ou immobiliers, selon qu'il y a lieu de partager des meubles ou des immeubles (2), mais il n'empêche qu'au regard des tiers on laisse au liquidateur le droit d'agir comme si la société, être moral, vivait encore; bien plus, même dans les rapports entre ex-associés, on lui donne le droit de poursuivre les communistes, ses propres mandants, en paiement de ce qu'ils doivent à la société. « La société perd son caractère de personne et se trouve réduite à un état passif;

____

(1) Rapport Pirmez à la Ch. Belge. Guillery. Comment. législatif, p. 140, n° 75.
(2) Pardessus, n° 1084. Delangle, n° 687.

elle ne forme plus qu'une masse commune, et cependant disent Bravard-Veyrière et Demangeat (1), « les liquidateurs représentent cette masse et peuvent l'obliger ; ils ne représentent pas les associés, n'ont pas qualité pour les obliger et ne s'obligent pas non plus eux-mêmes, car ils n'agissent pas en leur propre nom, mais au nom de la liquidation comme mandataire des intéressés dans la masse commune ». C'est là un système bâtard qui tout en niant l'existence de l'être moral après la dissolution, le représente implicitement comme étant alors à la fois mort et vivant. Admettre une théorie et en repousser les conséquences, c'est dire que cette théorie ne vaut rien.

SECTION DEUXIÈME

THÉORIE ANGLAISE. LE PARTAGE SEUL DISSOUT LA SOCIÉTÉ

En Angleterre, la question de la condition juridique de la société en liquidation ne se présente pas, car d'après le système anglais (2), la société vit jusqu'au partage et c'est à ce moment seulement, quand toutes les opérations de liquidation sont finies, que la société s'éteint. Ce n'est pas qu'en France on ne puisse concevoir une société se liquidant avant sa dissolution. Les

(1) BRAVARD-VEYRIÈRE et DEMANGEAT, t. I, p. 445.
(2) (Art. 104 de l'acte de 1856).

exemples qu'on en donnerait seraient peut être rares (1), mais rien n'empêche du moins de considérer cette façon d'agir comme parfaitement régulière.

Mais il faut observer que rien n'a annoncé aux tiers que la société allait se dissoudre. Il n'y a pas eu véritablement liquidation, mais simple coïncidence voulue entre la cessation de l'entreprise, la dissolution et le partage, et la question de savoir si la société en liquidation est une personne morale ne peut pas se poser. Au reste, le cas normal, c'est la dissolution précédant le partage.

Au contraire, dans la législation anglaise, le seul fait de la résolution de mise en liquidation a pour conséquence que la société cesse de continuer son entreprise mais ne change absolumeut rien à son caractère juridique, qu'elle ait la personnalité morale comme les Joint Stock Companies ou qu'elle en soit dépourvue comme les Partnerships. Les représentants de la société changent sans doute, son but se transforme, mais on considère qu'elle entre simplement dans une nouvelle phase, qu'en un mot, la dissolution telle que nous l'entendons n'est que la cessation des opérations actives, mais que la vraie mort de la société ne se produit qu'au moment du partage. Quand les affaires de la société en

(1) Voyez cependant un jugement du Tribunal de Comm. de Lyon du 28 janvier 88 (*Monit. jud. de Lyon*, 11 fév. 88) qui sur requête du cons. d'admin. a nommé des liq. à la Soc. des Fonderies et Forges de Terrenoire, La Voulte et Bessèges sans prononcer la dissolution.

liquidation ont été liquidées on insère dans la *London Gazette*, le journal officiel anglais, une annonce pour donner avis d'une convocation des associés. Cette annonce, qui doit être faite un mois avant l'époque où l'assemblée aura lieu, indique qu'elle a pour but d'examiner les comptes définitifs de liquidation. Cette réunion ayant eu lieu, et ces comptes étant approuvés, le compte-rendu de l'assemblée est adressé au Registrar — personnage chargé de la garde et de la conservation de tous les documents relatifs au Joint Stock Companies — et « c'est seulement dans les trois mois qui suivent l'enregistrement de cette pièce que la Compagnie est définitivement dissoute. (1) »

Pour les Partnerships il n'en est pas différemment. La dissolution de la société ne produit ses effets que postérieurement à la publicité qu'elle aura reçue dans les journaux et surtout dans la London Gazette ; or cette insertion ne peut avoir lieu qu'après la liquidation (2).

Nous verrons dans la suite de nos explications qu'on est arrivé à reconnaître comme exacte cette idée que la dissolution ne produit pas tous les effets qui sembleraient résulter de l'extinction de la vie sociale. Ne vaut-il pas mieux, comme l'a fait la loi anglaise, le dire clairement puisque on se trouve obligé d'y arriver par des voies détournées ? Quoiqu'il en soit, telle est la force de la

(1) RAND BAILEY. Les soc. anglaises limited, p. 127.
(2) COLFAVRU. p. 79.—Le droit comm. comparé de la France et de l'Angleterre.

coutume, que, aucune des autres législations, n'a admis cette idée pourtant si simple que la société n'est dissoute que par le partage, et comme d'autre part, on s'est vu forcé de repousser la théorie de Delangle précédemment exposée à cause des inconvénients très graves qu'elle présente dans ses conséquences, on a essayé d'expliquer cette situation anormale d'une société dissoute et cependant continuant à avoir une vie propre de celle des associés. La chose était peu facile et l'on a vu surgir plusieurs théories.

SECTION TROISIÈME

THÉORIE DE LA JURISPRUDENCE FRANÇAISE. LA SOCIÉTÉ SUBSISTE FICTIVEMENT APRÈS SA DISSOLUTION ET PENDANT SA LIQUIDATION.

Voici d'abord la théorie qu'à imaginée la jurisprudence française, suivie sur ce terrain par la majorité des auteurs, notamment par MM. Lyon-Caen et Renault. « Par la dissolution un état d'indivision se substitue entre les associés » disent ces auteurs (1); par conséquent si la société continue à vivre pendant la liquidation, ce ne peut être que fictivement. La société a disparu, mais on imaginera, on supposera qu'elle continue à vivre pour les besoins de sa liquidation. « On suppose que c'est plutôt la société qui possède que les associés, dit expres-

(1) LYON-CAEN et RENAULT. Traité, t. II, n° 298.

sément Troplong (1) et plus loin il ajoute : « Pareille à
ce personnage fantastique du Bojardo qui, quoique mort,
combattait encore, la société quoique éteinte se survit
pour certains actes (2). » L'arrêt de la Cour de Cassation
qui a fixé la matière, date de 1865 (3). Il pose en principe que « si par l'effet de sa dissolution, la société
cesse d'exister pour l'avenir et pour les opérations en
vertu desquelles elle avait été constituée, si elle ne
peut plus vendre, acheter, faire le commerce, elle continue néanmoins d'exister pour régler ses affaires
accomplies, c'est-à-dire pour se liquider. Suivant la
formule employée dans le langage commercial, elle ne
subsiste plus que pour sa liquidation, mais à ce point
de vue et pour ce but, elle conserve tous ses droits et
tous ses biens. La force des choses veut qu'il en soit
ainsi pour les nécessités même de la liquidation, laquelle deviendrait impossible, si l'on admettait que par
l'effet de la dissolution, la communauté prend la place
de la société dissoute et que les droits individuels et
privatifs des anciens associés, devenus de simples communistes, sont substitués ou superposés au droit exclusif de la société » (4).

(1) TROPLONG. *Op. cit.*, nᵒ 1004 et suiv.
(2) TROPLONG. *Op. cit.*, nᵉ 1043. De même PONT. nᵒ 1979. CASSA-
GNADE, De la personnalité des sociétés civ. et comm. p. 264-65.
FOUREIX. *Traité des soc. comm.* nᵒ 238.
(3) Req., 29 mai 65. D. 65, I, 380.
(4) Voyez aussi Comm. Seine, 11 août 88. R. S. 1889, 29. C.
Poitiers, 13 fév. 1895. R. S. 95, p. 430. Req. 26 juillet 1896. D. P.
97, 1, 147. « La société est réputée exister pour les besoins de sa

Ainsi, la société dissoute, morte par conséquent (1), survivrait pour toutes les affaires passées
dont il faut faire le règlement et cette idée qui semble
cependant tout au moins bizarre a été acceptée sans diffi·
cultés par la jurisprudence allemande, notamment par une
décision du Tribunal suprême de commerce de l'Empire
allemand du 18 février, 6 et 13 mai 1873. Sraffa cite aussi
une sentence de la cour de Florence du 20 octobre 1882
qui établit que « la publication de la dissolution de la
société n'opère pas immédiatement l'extinction de l'avoir
collectif, parce que sa vie, par une fiction de droit, se
continue pendant toute la période de la liquidation » (2).
Seule cependant, la loi belge a consacré expressément
cette théorie. L'art. 111 de la loi de 1873 dit : « Les
sociétés commerciales· sont après leur dissolution, répu-
tées exister pour leur liquidation.

On a essayé de justifier cette fiction juridique en disant
que la dissolution ne s'opérant que par la volonté des
associés ils sont bien maîtres de rompre seulement une
partie des biens qui les unissent (4). On peut n'arriver

liquidation ». Paris 15 nov. 1886. R. S. 1887. p. 427. « La soc,
continue d'exister fictivement ». Paris 19 juin 1890. R. S. 1870.
p. 504.

(1) Rousseau. *Traité des soc. comm. fr. et étrang.*, t, I, p. 199.
(2) Il diritto commerciale, 1883, 181. Vidari, Corso di diritto
commerciale, vol. II, p. 685, dit dans le même sens que la vie de
la société n'est plus pour ainsi dire qu'une vie in extremis.
(3) L'art. 69 du Projet de la Commission disait plus simplement:
« Après leur dissolution, les sociétés continuent à subsister mais
seulement pour leur liquidation ». Le texte définitif fut adopté
sur un amendement proposé par le Ministre de la Justice.
Sic Namur. *Le code de commerce belge révisé*, t. 2, p. 379.
(4) Frémery, p. 69, note 5.

que par degrés à une dissolution complète. « Cette convention, ajoute Bédarride (1), la loi la fait résulter de la clause de l'acte social stipulant que la dissolution donnera lieu à une liquidation ». Nous pourrions répondre que la dissolution n'est pas toujours le fait des associés et que d'autre part, l'acte social ne prévoit pas toujours la liquidation, mais il suffit de dire que les associés, s'ils sont libres de dissoudre ou non la société, ne peuvent, celle-ci dissoute, prétendre qu'elle continue à vivre pour sa liquidation, car c'est justement ce qu'il faut démontrer.

Du reste, ce système de la fiction ne corrigerait que très imparfaitement le système de la communauté si l'on admet avec la plupart des auteurs que, quoique la société subsiste vis à vis des tiers, les associés n'en sont pas moins devenus les copropriétaires des valeurs indivises. Il y a évidemment contradiction à admettre que l'existence de l'être moral se prolonge au-delà de la dissolution et à reconnaître d'autre part, que le patrimoine de cet être moral se confond avec celui des associés dès l'instant où arrive la dissolution.

(1) Bédarride, n° 481.

(2) Confr. Paris n° 939, p. 535. Suivant Carré, Comp. civ., n° 551, la société dissoute et non liquidée est éteinte à l'égard des tiers, mais subsiste à l'égard des associés. Cette théorie est encore moins rationnelle que celle que nous exposons dans le texte. Si la société est éteinte à l'égard des tiers, elle l'est à plus forte raison à l'égard des associés. Massé répond très justement que pour la prétendre éteinte, les tiers ne peuvent se prévaloir que d'un acte de dissolution assurément opposable aux associés de qui il émane, acte qui ne peut avoir plus d'effet vis à vis des tiers que vis à vis de ceux qui y étaient parties.

De ce que la société subsiste « seulement dans la mesured'existence nécessaire à l'accomplissement des actes de liquidation (1) », on en conclut (2) qu'à tous autres égards la société est bien éteinte, qu'en conséquence les actions de la société ne continuent pas à être nécessairement mobilières car il n'est pas nécessaire pour la liquidation que les actions ou intérêts continuent à avoir la nature de meubles. Et en ce sens, on invoque l'art. 529 du Code civil d'après lequel « les actions ou intérêts des compagnies de finance ou d'industrie sont meubles tant que dure la société », ne le sont plus par conséquent après la dissolution.

Ainsi, c'est seulement vis à vis des tiers que la propriété des biens sociaux continue à résider sur la tête de l'être moral — « dans les rapports des associés entre eux, la société est dissoute en droit comme elle l'est en fait ». C'est bien là le principe admis par la Cour de cassation dans un arrêt du 12 février 1890 (3) qui dit : « Si par une fiction nécessaire, une société dissoute est toujours réputée existante jusqu'à son entière liquidation, cette règle ne s'applique que dans la mesure où elle est exigée pour conserver les droits des tiers et faciliter les opérations de la liquidation, et les associés n'en sont pas moins dans leurs rapports entre eux, copropriétaires des biens appartenant à la société dissoute, quoique non encore

____

(1) Cass. 27 juillet 1863. S. 63, 1, 457.
(2) Baudry-Lacantinerie. Précis de Droit Civil. t. i, n. 1244.
(3) S. 91, 1, 230.

liquidée » (1). Il en résulterait notamment que si un associé meurt pendant la liquidation, ce n'est pas nécessairement le légataire des meubles à qui sera attribué le profit résultant du partage ; ce pourrait être le légataire des immeubles si le lot de l'associé défunt comprend des immeubles.

Cependant, il faut le reconnaître, on tend à admettre plutôt aujourd'hui que la société contenue à subsister aussi bien vis à vis des tiers que dans les rapports entre associés, et que dès lors jusqu'à l'achèvement de la liquidation, les anciens associés n'ont individuellement aucun droit de propriété sur l'actif qui conserve son caractère social (2). Il est plus logique, en effet, d'admettre toutes les conséquences de la fiction acceptée. Il en résulterait que les actions ou intérêts conservent leur nature purement mobilière (3).

Quoique la jurisprudence montre quelque incertitude en la matière il semble bien qu'elle admette aujourd'hui le principe que les droits de chaque associé sur les biens sociaux sont purement mobiliers jusqu'à la fin de la liquidation. « Attendu, dit la Cour de Bordeaux, (30 mars 1886) (4) que si l'article 529 du Code Civil dispose que les droits de chaque associé sont de nature purement mobilière seulement tant que dure la société, les expressions dont la loi s'est servie doivent s'entendre non de la

(1) En ce sens, Boistel, n° 379.
(2) Cass. Req., 26 juillet 1896. D. P. 97, 1, 147.
(3) Laurent. Droit civil, t. v, n° 503.
(4) D. P., 86, 2, 284.

dissolution, mais de la liquidation définitive de la société, que la nature même des choses exige que jusque-là le caractère des propriétés qui lui appartiennent ne subisse aucune modification, qu'il n'y a point de distinction à faire entre les rapports des associés entre eux et leurs rapports avec les tiers. Que les inconvénients qu'on a voulu prévenir se présenteraient toujours si chacun avait un droit de copropriété indivise sur les biens sociaux dès que la société serait dissoute ».... (1)

Le principe admis à savoir que la propriété du patrimoine social reste bien sur la tête de la société qui continue à vivre en tant que personne morale, il s'en suit que dans aucun cas un associé ne peut céder une hypothèque valable sur les immeubles sociaux pendant la liquidation (2), que de plus, les hypothèques générales de la femme ou du mineur ou les hypothèques judiciaires résultant de jugements de condamnation ne peuvent frapper la part de chaque associé du jour de la dissolution mais seulement du partage (3). Si un immeuble est vendu pendant la liquidation, et que cet immeuble soit grevé d'hypothèque, l'acquéreur n'aura à payer que sur la tête de la société, seule propriétaire de cet immeuble et non sur la tête de chacun des asso-

---

(1) Sic. Cass., 24 mai 92. S. 92, 1, 469. Contra, Cass., 15 nov. 87. S. 88, 1, 410 et le rapport de George Lemaire.

Cass. Civ., 12 fév. 90. Annales, 1890, ii, 117.

(2) La liquidat. des soc. comm. Belg. jud. Année 1890, p. 713. Contra. AUBRY et RAU. Droit Civil. t. iii, p. 266.

(3) Req., 29 mai 65, D. P. 65, 1, 380.

ciés, ce qui compliquerait singulièrement les choses dans les sociétés par actions. De même une saisie immobilière serait poursuivie contre la société et non personnellement contre les anciens associés.

Toujours en vertu du même principe, si parmi les associés se trouvent des mineurs, le liquidateur peut vendre un immeuble sans suivre les formalités prescrites pour la vente des biens des mineurs ou dont ils sont copropriétaires. Dans le même cas de mineurs intéressés à la liquidation, il n'y a pas lieu à apposition de scellés. On ne comprend guère que cela ait pu être contesté (1), car si le liquidateur ne peut puiser immédiatement dans la caisse sociale, comment paierait-il les créanciers qui se présentent ? Ce serait vouloir dans tous les cas la faillite de la société.

Enfin, si pendant la liquidation, un associé cède ses droits, cette transmission purement mobilière est sujette simplement au droit réduit de 0,50 p. 100. (2)

L'administration de l'enregistrement qui ne fait plus de difficultés à admettre ce principe lorsqu'il s'agit d'une cession unique de parts a émis la prétention de percevoir, non plus le droit proportionnel de 0,50 %, mais un droit de 2 %, ou 5 1/2 % suivant que le patrimoine social comprend des meubles ou des immeubles, dans le cas

(1) Voyez cependant Bruxelles, 1 décembre 1825, cité par DEFRÉNOIS, p 401.

(2) Cass., 13 janv. 92, D. P. 92, 1, 587. La taxe d'abonnement est due sur les obligations par les sociétés même pendant leur liquidation. Cass., 27 déc. 77. S. 78, 1, 225.

de cession simultanée à un associé de toutes les parts de ses coassociés. Et la Cour de Cassation a sanctionné cette théorie par un arrêt du 7 février 1881 (1), se basant sur ce que cette vente collective de toutes les parts opère de plein droit la fin de la liquidation de la société puisqu'il n'y a plus lieu à partage, que c'est donc la propriété même des biens composant le fonds social qui se trouve ainsi directement acquise par le cessionnaire. Le droit proportionnel à percevoir se trouvera déterminé par la nature des biens de la société.

On a très justement répondu à l'argument invoqué par l'administration de l'enregistrement que si les associés vendent séparément leur part, quelque soit l'acquéreur, ces ventes successives doivent être incontestablement mobilières, tout au moins jusqu'à la dernière. C'est celle-là seulement qui amène la fin de la liquidation, et c'est seulement pour celle-là qu'il y aurait lieu de se demander quelle est le droit dû à l'enregis trement.

Mais il est encore plus exact de dire que si la réunion de tous les intérêts sur la même tête met fin à la liquidation, ceci n'est qu'une conséquence des cessions qui en elles-mêmes sont bien des ventes de parts mobilières; l'immobilisation, effet de la transmission, ne peut que lui être postérieure « elle ne peut pas servir à la caractériser, la vente a bien été une vente d'actions qui ont

(1) D. P. 1881, 1, 267. Contra, Cass. 21 déc. 1887. D. P. 88, 1, 389.

conservé cette nature jusqu'à la transmission consommée » (1).

La question doit se résoudre de la même façon si tous les sociétaires vendaient leurs actions à un tiers. Sans doute, cette transmission équivaudra dans ses effets à la vente du fonds social, mais quant aux droits à percevoir, les mêmes raisons que nous donnions plus haut nous forcent à considérer que seul le droit de 0,50 % doit être perçu.

Quant au calcul proportionnel, il devra dans tous les cas aussi se faire sur le prix de la cession et non sur la valeur nominale de l'action.

Enfin, si l'on accepte la théorie de la fiction nous ne voyons pas quel intérêt il y a à parler ici d'effet déclaratif du partage. Un partage ordinaire suppose une indivision, et dire que le partage a un effet déclaratif, d'où rétroactif, c'est affirmer qu'il doit remonter dans ses effets à l'époque où est née l'indivision, si bien que la constitution de droits réels sur certains des biens indivis faite par un seul des communistes est absolument sans effet ou vaut au contraire suivant que ces biens ne tombent pas ou tombent dans le lot du constituant. Ces principes ne semblent pas pouvoir trouver leur application dans notre matière. Il est bien vrai que les aliénations consenties par un associé sont sans valeur à l'égard des autres, mais

(1) CHAMPIONNIÈRE et RIGAUD. Traité des droits d'enregistrement, t. III, n° 3688. Confr. Dictionnaire des droits d'enregistrement au mot Société, p. 823.

elles le sont même à son égard. Et cela, parce qu'il n'y a jamais eu indivision, parce que l'associé n'a jamais eu un droit de copropriété mais un simple droit de créance, et quand il succédera directement aux droits et aux obligations de la société, il ne sera tenu évidemment que des charges créées par la société elle-même.

On a soutenu que l'indivision existe pendant toute la durée de la société, et non pas à l'état de fiction mais réellement ; cette théorie est certainement soutenable mais il ne faut pas en conclure que l'effet du partage doit remonter à l'acte de constitution, car si la copropriété du partageant a existé pendant la durée de la société, son droit de disposition a été suspendu par l'engagement social qu'il avait souscrit. Si la société est censée survivre malgré sa dissolution, cet engagement continuera à lier l'associé pendant la liquidation. D'autre part, les droits qui grèvent les biens sociaux ne s'éteindront pas par la dissolution parce que l'associé dans le lot duquel tombent ces biens s'est obligé lui-même (et ne pouvait s'obliger qu'ainsi) par l'intermédiaire de l'organe de la société ; il est donc inexact de dire que chaque associé recevant un objet par le partage est censé l'avoir reçu de celui qui l'avait apporté dans la société.

En général, les auteurs disent que l'effet du partage remonte à la dissolution parce que c'est alors que la personnalité morale s'est éteinte pour faire place à l'indivision. Mais là encore on semble oublier la fiction qu'on vient de créer. Puisque la personnalité morale subsiste pendant la liquidation, puisque cette liquidation se continue jusqu'au partage et ne cesse qu'avec lui, les associés, même pendant un instant de raison, n'ont jamais eu aucun droit réel sur les biens sociaux et par conséquent l'effet du partage n'est pas de reporter ces droits à une époque antérieure, mais de transformer des droits de créance sur un patrimoine-société en droits de propriété individuelle sur les biens ayant formé ce patrimoine.

Voilà le premier groupe de conséquences qu'on peut tirer de la subsistance de la personnalité de la société. Ce ne sont pas les seules : la plus importante de toutes, c'est que les créanciers sociaux continueront à avoir sur le patrimoine social un droit de préférence à l'encontre des créanciers personnels des associés. En effet, puisque les associés n'ont pas encore un droit de propriété sur l'avoir social, puisqu'ils continuent à être ce qu'ils étaient auparavant, des créanciers et des créanciers conditionnels, en ce sens, qu'ils n'ont droit qu'à l'excédent d'actif s'il y en a un, leurs propres créanciers ne peuvent avoir plus de droits que leurs auteurs, ne peuvent donc venir sur les biens sociaux qu'après les créanciers de la société.

Si la société subsiste, l'assignation donnée au siège social suffira, car c'est la société qui est partie en cause et non les associés. C'est ce que décide un arrêt de

Cassat. Req. 28 février 1894 (1), qui fait remarquer qu'à défaut de siège social, l'assignation donnée au domicile de l'un des associés serait régulière, conformément à l'article 69, § 6 du Code de commerce, alors même qu'elle ne serait pas donnée nominativement à la personne du liquidateur. De plus, seul est compétent pour statuer sur les demandes formées contre la société le tribunal du lieu où elle était établie (1).

Enfin, dernière conséquence de la théorie que nous exposons, si après la dissolution, la société vient à cesser ses paiements, la faillite peut être déclarée, non pas la faillite des associés, mais celle de la société en liquidation, autrement dit de l'être moral parfaitement distinct de la personne des associés et qui est censé toujours subsister. Cela n'est pas douteux, mais on s'est demandé s'il n'y avait pas un délai passé lequel, la faillite ne pouvait plus être déclarée. Pour soutenir l'affirmative on argumente de l'article 437 du Code de commerce d'après lequel la faillite du commerçant ne peut être demandée que dans l'année qui suit sa mort. Mais puisque l'on admet que la société est considérée comme existante tant que ne sont pas réglés tous ses rapports avec ses créanciers, il faut admettre aussi que la faillite peut être déclarée tant que son passif n'est pas complètement éteint. Et la conclusion logique c'est que la

(1) J. S. 95, p. 170. Sic. Req. 26 juin 93, J. S. 94, 221.
(2) Cass. 10 août 1840. S. 40, i, 836. Confr. Despréaux. Compétence des trib. de comm., n° 574.

faillite pourra se produire non-seulement pendant la liquidation, mais même après le partage (1), si à ce moment toutes les dettes de la société ne sont pas soldées ; autrement dit, il n'y a pas de délai après lequel la demande en déclaration de faillite serait repoussée (2).

Remarquons qu'on pourrait raisonner de la même façon si notre Code contenait une disposition pareille à celle de l'article 690 du Code de commerce italien qui déclare qu'on peut obtenir la faillite d'un commerçant retiré des affaires, mais seulement dans les cinq ans qui suivent cet événement. Car la société n'est éteinte que lorsque tous les créanciers sont satisfaits, et existant, elle peut être déclarée en faillite, puisqu'elle ne peut exister que comme commerçante (3).

Il y a encore lieu de se demander si une société en nom collectif ou en commandite peut être déclarée en faillite ou en liquidation judiciaire quand la dissolution de cette société est résultée du décès d'un des associés et qu'un an s'est écoulé depuis lors.

Non, croient MM. Lyon-Caen et Renault (4), parce qu'il y aurait violation indirecte de l'art. 437 du Code de commerce. Il faut se rappeler en effet que dans ces

(1) *Contra* Lyon-Caen et Renault. Traité, t. viii, n° 1140, p. 369.

(2) Sraffa. Il fallimento della societa commerciale, p. 84. Contra l'art. 193 du C. de Comm. allem. qui empêche la déclaration de faillite de la société après la répartition de l'actif.

(3) Confr. Rocco, Rivista critica di Giurisprudenza controversa. Archivio giuridico « Filippo Serafini »1893, vol. iv fasc. ii, p. 353 et suiv.

(4) Lyon-Caen et Renault. *Traité*, t. viii, n° 1140, p. 370.

sortes de sociétés, la faillite sociale entraîne de plein
droit la faillite des associés en nom ou des commandités. Or, si la faillite sociale pouvait être déclarée dans
notre cas, l'associé mort depuis un an serait aussi
déclaré en faillite contrairement à l'art. 437. Certains
arrêts semblent bien se prononcer en ce sens (1), mais,
disent les auteurs précités, ils s'expliquent par des
circonstances spéciales dans les affaires qu'ils ont eu à
régler : les opérations sociales avaient été continuées
nonobstant le décès d'un associé, et les représentants
de cet associé prédécédé avaient participé à la continuation de l'entreprise.

Nous croyons que, quelle que soit la cause de dissolution, la faillite de la société peut être déclarée,
parce qu'une cause de dissolution ne peut pas avoir
pour conséquence d'enlever aux créanciers le droit
absolu qu'ils ont à la faillite. Si on ne veut pas violer
l'art. 437 on dira tout simplement que dans ce cas spécial
la faillite personnelle de l'associé prédécédé ne sera pas
déclarée.

Il n'est pas niable, après ce qu'il vient d'être dit,
que le système de la fiction présente de grands
avantages, et c'est d'ailleurs pour arriver à des conséquences acceptables en pratique qu'il a été cons-
truit ; mais c'est souvent une mauvaise méthode
que de vouloir expliquer en théorie des résultats
admis à priori sans s'occuper de savoir si la base

____

(1) Cass. 26 juin 1843. *J. du Pàl*, 1844, 1, 84. Comm. Seine,
31 déc. 1880. *Le Droit*, n° du 30 mars 1881.

qu'on leur donne est réellement bien assise; et nous
ne sommes pas loin de croire que ce système est insoutenable. Il repose sur la superposition de deux fictions,
la première que la société est une personne morale, la
seconde que cette personne supposée se survit à elle-
même. Il faut l'avouer : il y a là quelque chose qui
répugne un peu à la raison. Comment ne voit-on pas
qu'il y a presque de l'absurde à déclarer qu'un être
mort est cependant capable d'être sujets de droits, que
cet être a bien disparu et que cependant il peut
accomplir tous les actes juridiques aussi normalement
qu'une personne vivante. Fiction, si l'on veut, mais
véritablement fiction bien extraordinaire. Et combien il
serait plus logique, puisqu'il faut admettre l'application
de certains principes, de déclarer purement et simplement la réelle existence de la société.

Une fiction n'est jamais nécessaire. « On l'invente quand
on n'a pu trouver la vérité juridique. Elle est un aveu
d'impuissance » (1). Et d'ailleurs, puisqu'elle est, non
pas ce qui est, mais une création imaginée par l'homme,
seul le législateur peut l'établir. Nani (2) résume très
justement ces observations et ajoute : « La fiction a sa
raison d'être dans l'ancien droit romain dans lequel la
jurisprudence se débattant entre les règles étroites de
la loi et la nécessité inflexible des formes juridiques,
devait par nécessité s'efforcer de greffer de nouvelles

----

(1) VANDERNOTTE. Annales, 98, p. 439.
(2) NANI. Foro italiano, 1891, p. 158 et suiv. cité par SRAFFA.

feuilles et de nouveaux rameaux sur le vieux tronc du droit; mais elle n'a plus de motifs de subsister dans notre droit moderne, car, grâce à la généralité des principes et à l'abondance des dispositions législatives, chaque institution peut être expliquée et vivifiée librement et naturellement à la lumière du soleil sans qu'il soit besoin de recourir et de s'abriter à l'ombre d'une fiction. Pour les juriconsultes romains, il pouvait être opportun d'établir des fictions pour considérer comme identiques deux rapports qui en fait ne l'étaient pas, de façon à pouvoir appliquer à l'un les règles établies pour l'autre, mais ce procédé qui convenait à une époque dans lequel le droit était en voie de formation apparaît comme un anachronisme à notre époque dans laquelle l'évolution du droit est un progrès constant. Pourquoi le législateur admettrait-il sous le couvert d'une fiction des conditions de fait qui en réalité n'existent pas, pour appliquer une règle donnée quand il peut modifier comme il l'entend n'importe quelle institution. La fiction devient superflue. Pourquoi le juge s'appuirerait-il sur une fiction, quand l'art. 3, § 2 des dispositions préliminaires du Code civil lui donne la plus grande liberté ? La fiction juridique ne peut être qu'une fiction qui perd de plus en plus de valeur; vouloir présumer quand la teneur de la loi n'indique rien de pareil, c'est méconnaître le caractère de notre droit ».

Si ces observations sont justes, il fallait trouver une autre théorie qui aboutit aux mêmes conséquences pratiques mais qui fut plus solide en droit.

SECTION QUATRIÈME

THÉORIES DE BEHREND ET FRANCKEN. A LA SOCIÉTÉ IN BONIS SUCCÈDE APRÈS LA DISSOLUTION UNE SOCIÉTÉ DITE DE LIQUIDATION.— ZWANGSVERTRAGSTHEORIE ET PRASUMTIWERTRAGSTHEORIE.

D'après un système pour la première fois exposé par Alauzet, la dissolution ferait naître une nouvelle société commerciale dite société de liquidation. Dire que la société subsiste, explique cet auteur, alors qu'il n'est douteux pour personne qu'elle a pris fin, est une contradiction. Dire, d'autre part, qu'elle n'existe qu'à moitié ; on comprend encore moins. Aussi, la société est bien dissoute, mais les droits des tiers doivent obtenir toute satisfaction légale. Il faut que les intérêts de la société actifs ou passifs aient un représentant, c'est la société de liquidation. « Il se forme une nouvelle personne civile, distincte des associés, comme de l'ancienne société, qu'ils avaient créée : c'est la société de liquidation dont le liquidateur est le gérant, le représentant complet ». Ainsi, ce qui distingue cette société de l'ancienne, c'est qu'elle doit seulement terminer les affaires en cours mais elle est son héritière activement et passivement se trouvant substituée à tous ses droits comme à toutes ses obligations.

Mais comment arrive-t-on à expliquer la naissance de

(1) ALAUZET. *Commentaire des lois sur les soc civ. et comm.* n° 613.

cette nouvelle société de liquidation ? Alauzet ne s'en s'occupe pas. Mais Behrend(1) qui accepte cette théorie essaie de la justifier en prétendant que la caractéristique de cette nouvelle société c'est qu'elle n'a pas besoin pour naître de la volonté unanime des associés mais de la volonté d'un seul, et ce n'est pas la dissolution qui la fait surgir, mais seulement la déclaration de mise en liquidation.

Malheureusement, on ne voit pas ce que pourrait être une société formée sans le concours de tous les contractants. L'explication demande elle-même une explication et celles qu'on a essayé d'en donner ne valent pas la peine qu'on s'y arrête. Il n'est pas possible de concevoir que le juge substitue sa volonté à celle des contractants. Il ne peut que ratifier cette volonté exprimée ou tout au plus supposée. Behrend serait ainsi obligé d'accepter la théorie du contrat présumé, émise par Francken et que nous aurons à examiner.

. Il est à remarquer de plus, que d'après Behrend la nouvelle société de liquidation n'existe qu'à partir de l'entrée en liquidation. Comme on l'a déjà observé (2), il y aura à déterminer la condition juridique de la société dissoute et dont la liquidation n'a pas été décidée (dans le cas où par exemple il ne peut y avoir volonté una-

(1) BEHREND. Lehrbuch des Handelsrechts. C'est la Zwangsvertragstheorie, ainsi désignée par Francken.

(2) NOLDECKE. Die Fortdauer der offenen Handelsgesellschaft, wahrend der liquidation, p. 89.

nime pour la nomination des liquidateurs). Et cet état indéfinissable que cette théorie rend nécessaire entre la dissolution et la liquidation se présentera dans presque tous les cas quoiqu'en dise Behrend (1).

Lévi (2) a essayé, en France, de montrer comment la société de liquidation succède à la société active en se plaçant sur un terrain tout particulier. D'après la jurisprudence de la Cour de Cassation, dit-il, si l'on peut considérer les sociétés de commerce comme des êtres moraux, c'est parce qu'elles sont accompagnées de formalités qui les font connaître au public. Or, aux termes de l'art. 61 de la loi du 24 juillet 1867, la dissolution et le mode de liquidation sont soumis aux mêmes formalités de publicité que la naissance même de la société. « Il y a donc identité absolue de situation. Et si ces formalités sont la cause déterminante de la personnalité des sociétés pendant leur existence, il faut reconnaître que ces mêmes formalités doivent être une cause déterminante de leur personnalité pendant la liquidation.»

On peut faire remarquer que le mode de liquidation n'est pas toujours prévu par les associés qui, à défaut d'entente, s'en remettent au tribunal du soin de la nomination d'un liquidateur. Dans ce cas, qui n'est pas rare,

____

(1) BEHREND. *Op. cit.*, Vide pour l'exposé des théories allemandes sur la liquidation. Ed. Siquet. Der liquidation der offenen Handelsgesellschaft. *Thèse* Strasbourg, 1896, p. 8 et suiv.

(2) LÉVI. La liq. des soc. comm., p. 17.

seul l'acte de dissolution est publié (en supposant encore que la société ne soit pas dissoute de plein droit) et alors on comprend bien que, si la publication de l'acte de constitution suffit à avertir les tiers qu'ils vont traiter avec une personne distincte de celle des associés, la publication de l'acte de dissolution les avertit que la société n'existe plus, mais pas le moins du monde qu'une société nouvelle va lui succéder.

Du reste, la théorie a un côté plus faible encore. En supposant même que la publication du mode de liqui-dation donne la personnalité morale à la société en liquidation, en quoi cela prouve-t-il que cette société a bien été déjà créée par les associés, qu'il y a eu con-trat de société, car c'est là, en somme, ce qu'il faut démontrer avant de prouver que la nouvelle société a le même caractère que l'ancienne et c'est justement là où Behrend avait échoué.

Francken (1) partisan du même système a bien vu la difficulté et sa théorie est bien plus fine et adroite. Historiquement, la procédure de la liquidation est la con-séquence d'un contrat passé entre les associés, contrat qui n'était pas stipulé expressément, mais qui faisait partie du contrat social ; c'était en réalité un contrat éventuel qui ne devenait efficace qu'à la dissolution de

____

(1) Präsumtiwertragstheorie. FRANCKEN. Die Liquidation der offenen Handelsgesellschaft in geshichlicher Entwickelung, p. 53, p. 141 et suivantes. C'est d'après l'ouvrage de M. Sraffa, si fertile en renseignements de toutes sortes, que nous donnons ces explications sur la théorie de Francken.

la société. L'usage commercial, d'après Francken devint loi et qu'on l'ait convenu ou non, par l'effet de la coutume, la société de liquidation succèda à la société commerciale ; on présumait que les associés par la simple stipulation du contrat avaient voulu se conformer à l'usage. Donc, la dissolution constitue la condition suspensive pour l'ouverture de la nouvelle société de liquidation.

Il est certain, qu'avec ce système, on évite le danger de parler de contrat forcé, obligatoire, conclu malgré la volonté des associés. D'autre part, c'est à la dissolution que se place la naissance de la nouvelle société de liquidation et par conséquent, il n'y a pas un arrêt entre la dissolution et la liquidation.

Mais, répond Sraffa (1), Francken a confondu deux cas bien différents, l'intention des associés d'arriver à une liquidation et l'intention de constituer une nouvelle société pour la liquidation. Les associés dans l'ancien droit, convenaient qu'avant le partage, on satisferait les créanciers. Il en résultait évidemment que le règlement des rapports passifs avait une base dans le contrat, mais on ne voit pas que les associés concluaient deux contrats distincts, le second efficace seulement lorsque le premier aurait perdu son effet. Cette justification historique ne semble donc pas bien solide. Du reste, on peut faire au système des critiques bien plus graves.

(1) SRAFFA. *Op. cit.*, t. i, n° 2. Voy. aussi Nani, Foro italiano, 1891, p. 158, 328.

La première qui vient immédiatement à l'esprit, c'est qu'il est difficile de concevoir une société comme serait la société de liquidation qui n'aurait d'autre but que de régler les effets produits par les opérations d'une autre société. Quelle est la raison d'être d'une société ? La poursuite de bénéfices au moyen d'une entreprise commerciale, puis la dissolution et le règlement des rapports créés par les opérations sociales. Mais ici, la société n'aurait qu'une partie de ce but social, et disons-le, la partie subsidiaire. Cela n'est pas concevable.

Sraffa (1) montre clairement combien cette théorie manque de bases rationnelles et s'écarte de tous les principes admis par notre législation, en citant une des conséquences à laquelle elle devrait logiquement aboutir : une société irrégulière peut être considérée par les tiers avec lesquels elle a traité comme existante ou non, suivant leur intérêt ; or, si une pareille société se met en liquidation et que l'acte de société soit régulièrement publié, la nouvelle société qui naîtra d'après la théorie de Francken devrait être régulière.

Au surplus, les critiques que les Allemands ont formulé avec grande vigueur contre la théorie de la fiction pourraient s'appliquer aussi bien à leurs propres doctrines. « Présumer ne vaut pas mieux que feindre » dit justement Pappenheim (G. Z. XXX) et en définitive, la théorie de Francken ne diffère de celle de la jurispru-

____

(1) SRAFFA. *Op. cit.*, n° 10.

dence française qu'en ce fait, que dans la première on
suppose la constitution d'une société nouvelle alors que
dans la deuxième on suppose la continuation de l'ancienne société.

La présomption qui est la base de la doctrine de
Francken est d'autant moins acceptable qu'elle suppose
que tous les associés sont d'accord pour la liquidation.
On expliquerait difficilement la naissance d'une nouvelle société de liquidation par lé consentement présumé
des associés si l'un d'entre eux se refuse à accepter le
liquidateur présenté par les autres et réclame la
nomination d'un liquidateur judiciaire.

SECTION CINQUIÈME

THÉORIE DE SRAFFA. — LA SOCIÉTÉ SUBSISTE RÉELLEMENT
APRÈS SA DISSOLUTION ET PENDANT SA LIQUIDATION. —
IDENTITATSTHEORIE.

L'opinion qui semble aujourd'hui prédominer, c'est
que la société continue à vivre pendant sa liquidation,
non pas fictivement, mais réellement, parce que la dissolution n'en est pas la mort, mais une simple transfor-
mation de son but. Cette théorie pourrait se fonder sur
cette phrase de M. Réal (1) au Conseil d'Etat : « Dans cet

(1) Procès-verbal du Cons. d'Etat. Séance du 19 févr. 1807
LOCHÉ, Législ. civ., et comm, t. 17, p. 274. Au XVIIᵉ siècle.
Shraccha sur décis. VII, de la Cote de Gêne disait déjà :
« Licet posset dici quod istud mandatum est factum post
societatem tamen durat effectus societatis donec fuerit exactum
omne id quod pertinet ad societatem ».

état de choses (la liquidation) la société ne dure plus quant à son objet, elle continue de subsister quant à ses résultats ». Elle a été soutenue en France par Massé, plus récemment par Rigal (1) qui la résume ainsi : « La dissolution ne met pas fin aux travaux de la société, ne disperse pas les associés. La dissolution n'est que l'interruption des actes en vue desquels la société avait été formée, elle a pour but de restreindre l'activité de la personne morale à un seul point la liquidation ; la société ne meurt que du jour où les effets du contrat de société deviennent nuls : or, ces effets survivent pendant la liquidation ». Dans le même sens, Sraffa (2), dès les premières lignes de son ouvrage, pose en principe que « dans la vie de la société de commerce, il y a deux périodes, la première dans laquelle la société tâche de maintenir et de faire prospérer son commerce ou son industrie, la seconde dans laquelle la société ralentissant peu à peu sa vie, se prépare à la faire cesser tout à fait ». Cette deuxième période est celle de la liquidation et quoique le passage de la première à la deuxième, soit marquée d'une façon nette et sensible, cette séparation n'est pas absolue. « La dissolution doit s'entendre seulement en ce sens que la société ne peut entreprendre de

(1) RIGAL. Caractère et pouvoirs du liq. d'une soc., p. 73. Sic. THALLER. *Traité.*

(2) SRAFFA. *Op. cit.*, n° 1, Sic. Vivante, vol. II, parte I, n° 688, p. 124.

nouvelles opérations » disait déjà en 1842, la Cour de Liège (1).

Il faut donc scruter la nature de la dissolution. C'est parce que nous attachons à ce mot l'idée d'extinction, de mort de la société, et c'est d'autre part, que nous nous trompons sur le but véritable de cette société, qu'il nous semble contradictoire de dire que l'être moral subsiste lorsque son but est acompli. Ce mot de dissolution signifie donc simplement séparation entre les deux phases de la vie sociale. La société finit en tant que société active, mais de ce que son premier but est atteint, il ne s'en suit pas qu'elle soit éteinte parce qu'alors seulement avec la dissolution apparaît le deuxième but à réaliser, car les sociétés ne sont pas établies seulement pour agir, spéculer et entreprendre, elles sont aussi établies pour réaliser en profits et pertes les résultats de leurs spéculations et « une société quoique dissoute n'a pas atteint son but nécessaire tant que cette réalisation n'a pas eu lieu (2) ». Il

(1) C. Liège. Pasicrisie belge 1842, 2, 216. Sic. C. de Florence, 30 juin 1858. Annali della giurisprudenza toscana, XX, p. ii, c. 1045.

En France, confr. Orléans, 20 mars 91. R. S. 91, p. 315. Trib. Bordeaux, 12 août 85. R. S. 86, p. 322 : « Attendu qu'il est de principe que la personnalité civile de la société ne disparaît pas par sa dissolution, *qu'elle se perpétue* par la liquidation qui n'est que la continuation de l'être moral lui-même et qui deviendrait impossible si par l'effet de sa dissolution, les droits des anciens associés étaient substitués au droit exclusif de la société ».

(2) MASSÉ. Droit commercial dans ses rapports avec le droit des gens et le droit civil. p. 47. Sic. Cass. Req., 18 août 1840. S. 40 t. 836, n° 4, Note Massé.

vaudrait mieux dire non pas comme Nöldecke (1), que la société vit toujours quoique avec un but différent mais plutôt que la société vit toujours parce que son rôle n'est pas encore complètement rempli. Sans doute, les associés pourraient, confondant les deux phases de son existence, ne dissoudre la société qu'après avoir liquidé de façon à rompre d'un seul coup tous les liens qui les unissent, mais s'ils dissolvent sans avoir liquidé, tout n'est pas fini encore, car la société vivra tant que ces liens les uniront.

Du reste, il est évident que les associés recouvrent, par la dissolution, une certaine liberté d'action relative tout au moins aux règles de prohibition qui les empêchent d'exercer un commerce similaire à celui de la société. Cette interdiction n'aurait plus sa raison d'être puisque la société ne cherche plus à faire elle-même des opérations purement commerciales (2). Et c'est pour la même raison que le commanditaire peut être nommé liquidateur sans s'exposer à encourir la responsabilité prévue par les articles 27 et 28 du Code de commerce.

Ainsi, pour préciser notre pensée, la dissolution non seulement n'éteint pas la vie de la société, mais elle ne change pas sa fonction économique, elle ne fait que la restreindre à la liquidation des bénéfices et pertes résultant de l'entreprise sociale.

Cette théorie nous paraît juste et rien ne s'oppose

____

(1) ZEITSCHRIFT. H. R. 35ᵉ vol. p. 309 et suiv.
(2) *Belg. jud.* La liq. des soc. comm., 4 juin 91, p, 712.

légalement à la reconnaître comme telle. Montégu (1) fait même remarquer qu'il semble probable que le législateur s'est inconsciemment rendu compte de cette différence entre la dissolution et la fin de la société, alors que l'on confond trop facilement aujourd'hui ces deux expressions. L'intitulé du chapitre IV (l. III, t. IX, C. C.) porte : Des différentes manières dont finit la société, et l'article 1865 indique simplement quelles seront les circonstances qui empêcheront la société de faire de nouvelles opérations. Au contraire, l'article 1867 emploie le mot dissolution dans un cas où il s'agit de désagrégation complète des rapports sociaux. Cependant l'argument n'a pas grande valeur, car dans les articles 1869 et 1870 le mot dissolution reparaît dans son sein usuel de fin de l'entreprise sociale.

Ce qu'on ne peut nier, c'est que, comme l'exprime la Cour de Cassation de Florence dans un arrêt du 25 septembre 1886 (2), l'effet du contrat social « n'est pas seulement de permettre au fonds social de s'engager dans certaines opérations déterminées, mais aussi non moins directement et évidemment, il est de l'essence de la société que les affaires en cours soient conduites à terme. » Il en résulte que les créanciers de la société qui, pendant son existence ont un droit de préférence à l'encontre des créanciers personnels des associés, qui ont traité avec la société en considération de cet état de

(1) Montégu. Essai sur la liquidation des sociétés, p. 125.
(2) Cité par Sraffa, d'après Il diritto commerciale, v, 252.

choses, ne peuvent être lésés par la dissolution. Si cette dissolution entraînait pour la société la suppression des avantages que l'on groupe sous le nom de personnalité morale, ce serait avant tout au détriment des créanciers et l'on n'a pas le droit, étant donné qu'ils ont traité dans des conditions bien déterminées, de modifier la valeur et la nature de leurs droits. La vie active de la société va cesser, c'est bien ; mais la société se trouve liée avec les tiers ; elle subsistera jusqu'au règlement de ces rapports.

En somme, on peut dire qu'il est de l'essence de toute société d'arriver à une liquidation et qu'ainsi l'objet de la société subsiste tant que la liquidation « accessoire nécessaire du but pour lequel elle est née » n'est pas terminée.

A cette théorie, Francken (1) objecte que : «Si on veut considérer la société en liquidation comme identique à l'ancienne société, il en résulte nécessairement que les pouvoirs des associés administrateurs devraient durer aussi pendant la liquidation parce qu'ils sont nommés pour la durée de la société dans le but d'exercer le commerce commun. » Mais Sraffa (2) répond très justement que si la continuation des pouvoirs des administrateurs pendant la liquidation n'empêche pas Francken de soutenir la naissance d'une nouvelle société pour la liquidation (c'est, nous l'avons vu la théorie de Francken),

(1) *Op. cit.*, p. 146.
(2) *Op. cit.*, n° 11.

la non continuation de ces mêmes pouvoirs ne peut pas nous empêcher de soutenir que l'ancienne société continue à vivre pendant la liquidation.

De plus, il est bien simple d'expliquer pourquoi les gérants sont remplacés par des liquidateurs sans qu'il y ait à faire intervenir l'idée d'une nouvelle société de liquidation. D'abord, c'est que les deux fonctions n'impliquent pas les mêmes qualités chez l'individu qui les remplit. Quand la société vit activement, le gérant doit avoir les connaissances techniques qui lui permettent de diriger habilement l'industrie sociale, ce doit-être un homme actif qui puisse sortir avec honneur des difficultés commerciales. Le travail de liquidation est au contraire un travail de comptabilité. Il faut, pour le mener à bien, un homme d'affaires au courant de la procédure et du droit qui sache conduire adroitement les procès nombreux que ne manque pas d'amener une liquidation. D'autre part, il faut considérer que si l'associé gérant agit dans l'intérêt de tous les associés et par conséquent dans son propre intérêt, le liquidateur qui a à déterminer exactement les droits de chacun ne peut être nécessairement un associé, souvent trop enclin à faire fléchir en sa faveur, les règles d'une juste équité. Rien, du reste, n'empêche les associés, à l'unanimité ou à la majorité des voix, de laisser aux gérants le soin de faire la liquidation et le tribunal peut agir de même s'il le croit bon. Remarquons enfin en dernier lieu, qu'il y a tout au moins un organe de la société qui subsiste dans tous les cas : c'est l'assemblée générale.

On pourrait même aller plus loin, car en réalité la liquidation appartient bien de droit au gérant comme continuation de son mandat. Toutes les législations qui ont réglementé la matière disent que c'est lui qui est chargé des opérations de liquidation à défaut de nomination de liquidateur (1) ; et si on a pris l'habitude de procéder à cette nomination, c'est que souvent le gérant ou les administrateurs ont perdu la confiance des associés et qu'il peut arriver aussi que la dissolution survienne par la mort même de ce gérant.

Si, en droit français, la nomination d'un liquidateur est indispensable, devrait-on choisir le gérant lui-même, c'est que, la liquidation étant facultative, elle seule consacre la volonté des associés d'y procéder.

Puisque la dissolution n'est pas la mort de la société, il y aura lieu pendant la liquidation de s'occuper, outre les affaires qui lui sont véritablement propres, des affaires conclues avant la dissolution. Dès lors, peut-on en conclure avec Nöldecke (2) que l'industrie de la société doit continuer à s'exercer ? Il ne le semble pas, car la dissolution supprime le but de l'industrie ou du commerce social, à savoir la poursuite de bénéfices, et

_(1) Art. 113 loi belge. Art. 197, § 3. C. comm. ital. Art. 205 et 244. C. comm. allem.

Confr. VIVANTE, *op. cit.*, vol. II, parte I, n° 682, p. 115.

(2) NOLDECKE, *op. cit.*, p. 95 et suiv.

les affaires traitées dans la 2ᵉ période, de la vie sociale ne peuvent être qu'assez rares.

Enfin, peut-on dire qu'il résulte de la continuation de la vie sociale qu'une décision des associés peut révoquer la délibération qui a amené la dissolution de la liquidation et ressusciter l'ancienne société. La Cour de Cassation l'a admis dans un arrêt du 7 mai 1890. (1) Mais nous n'acceptons pas cette opinion, car si la société continue à vivre dans le but de se liquider, il n'en est pas moins vrai que son premier but, à savoir la réalisation de bénéfices, a été atteint et qu'il n'est pas possible qu'elle revive activement. La déclaration de dissolution de la société, si elle n'en est pas la mort, est « une condamnation irrévocable de mort » (2) et dès lors, il est trop tard pour pouvoir la faire renaître. — La preuve en est que certaines circonstances amènent la dissolution de plein droit, et que la société ne peut être prorogée qu'avant cet événement. Après, il est trop tard, même si la société n'était pas encore en liquidation.

SECTION QUATRIÈME

CE QU'IL FAUT PENSER DE CETTE FORMULE QUE LA SOCIÉTÉ
SUBSISTE EN TANT QUE PERSONNE MORALE.

Nous en sommes arrivés à cette conclusion très nettement indiquée par Montégu à savoir que « le règlement

____

(1) D. 1891, II, 37.
(2) SRAFFA. *Op. cit.*, § 12.

de la société dissoute suivant les règles établies par la liquidation sera obligatoire en principe et vis-à-vis des tiers et vis-à-vis des associés (1) » et d'autre part, que « la liquidation est une réglementation des affaires sociales sous le régime qui a été celui de la société pendant toute sa durée (2) » Cela est vrai mais cela n'indique pas encore assez nettement quelle est la condition juridique de la société en liquidation. La question est changée, mais elle n'est pas complètement résolue car si la société est liquidée d'après le régime sous lequel elle a vécu, il s'agira alors maintenant de savoir quelle est la nature de ce régime qui a précédé la dissolution de la société avant sa liquidation.

Sraffa qui semble admettre la théorie classique de la société, personne morale, admet en conséquence que la société en liquidation est une personne morale. Cela est logique, c'est même très exact si l'on entend simplement par là attribuer à la société certains des droits et avantages juridiques qui sont la propriété des personnes physiques.

Nous n'avons pas ici à nous occuper en détail des théories nombreuses qui se sont fait jour pour arriver à une explication acceptable de la personnalité morale. Cependant, nous devons nécessairement, pour ne pas laisser cette étude incomplète, en dire quelques mots afin d'exposer à notre tour ce qu'on doit conclure de ces

(1) *Op. cit.*, p. 146.
(2) *Op. cit.*, p. 21

idées, en les appliquant à l'état spécial qui nous occupe, c'est-à-dire la liquidation.

Le système de la société, personne morale, qui nous vient du droit romain n'avait pas trouvé en France jusqu'à nos jours de sérieux contradicteurs et cette explication facile, simple procédé destiné à servir de base à des effets voulus, était acceptée couramment sans qu'on en ait vu la bizarrerie. Mais les auteurs allemands, plus scrupuleux de la vérité juridique, ont voulu scruter ce qui se cachait sous cette image et établir une théorie plus rationnelle et qui expliquât mieux les règles que la pratique nécessitait. Ils firent remarquer combien il était absurde de créer de toutes pièces, d'inventer une personne qui n'existait pas et qui cependant serait le sujet de certains droits qu'on ne savait à qui attribuer. Ce serait bien le cas de renouveler toutes les objections que nous soulevions contre les fictions qui ne sont que des masques cachant notre ignorance. Nous ne croyons pas devoir insister sur ces idées que personne ne songe à réfuter. Mais que mettre à la place de la personnalité morale. Voilà la grande difficulté (1).

Savigny, le premier, affirma que la capacité juridique pouvait et devait être accordée à un patrimoine pourvu d'une administration propre et consacré à une fin déterminée. C'est le but qui, en cette matière, devient l'élément capital auquel est attaché la capacité juridique.

____

(1) Voyez GOUDY, p. 18 et suiv. De la personnalité jurid. *Thèse*, Paris 1896. CASSAGNADE. *Op. cit.*, p. 115 et suiv.

C'est lui qui est « l'âme même de la personnalité (1) ».
Plus récemment Brinz (2), expliquant la même théorie
dit que « parmi les biens, les uns appartiennent à quelqu'un, pertinent ad aliquém, les autres existent en vue
d'un but, pertinent ad aliquid, et sont soustraits par ce
fait à l'appropriation individuelle. Ces derniers biens
forment un tout distinct, non comme patrimoine d'une
personne, mais comme servant à la réalisation d'un but
déterminé; c'est ce but qui leur donne une existence indépendante ». Il en conclut qu'à côté des patrimoines qui
appartiennent à une personne, personen-vermœgen, il y
a les patrimoines sans propriétaire, affectés à un but
déterminé, Zweckvermœgen (3). Ainsi, à côté des sujets
de droits qui sont les êtres humains, il y a des êtres
moraux qui forment non pas des personnes fictives,
mais naturelles et aussi légitimes que les personnes
physiques par suite de la fusion des volontés individuelles en une volonté indépendante car « le titulaire du
droit c'est la volonté que celle-ci dérive de l'organisme
humain ou d'un organisme corporatif » (4).

Bonelli (5) s'est emparé de ces théories et les appli-

____

(1) SAVIGNY. Traité de droit romain, t. ıı, p. 240, 373.

(2) Lehrbuch des Pandekten. § 61.

(3) Sic. WINDSCHEID. Lehrbuch des Pandektenrechts.

(4) GIERKE. Genossenschaftsrechten, ııı, p. 129. Sic. Zitelman
Begriffund Wesen der sogenannten, juristichen, personem.

(5) BONELLI. Personalita giuridica delle societa commerciali,
dans Legge, t. ıı, p. 317 et BONELLI, Di una nuova theorica della
personalita giuridica.

que particulièrement à la société en liquidation (1)
« Il s'agit, dit-il, de savoir si les choses qui se présentent
en général comme l'objet de rapports juridiques peuvent
aussi constituer dans ce cas une union autonome qui va
en quelque sorte être cataloguée dans la catégorie des
sujets possibles de droits ». Si on reconnaît d'autres
sujets de droits que l'homme, l'expédient de la fiction
est nécessaire, il est vrai que les droits et les obligations des choses, tant qu'elles ne sont comprises dans
un patrimoine se réfèrent naturellement comme tous les
rapports constituant la vie juridique d'une unité au
centre patrimonial. « Mais quand les choses sont sépa-
rées de ce patrimoine et en restent quelque temps sépa-
rées, ces droits et obligations ne se perdent pas, mais
au contraire deviennent les biens d'un patrimoine
constitué par ces choses même éventuellement réunies
par un but juridique commun ».

Ceci admis, que la société vit en tant que patrimoine
ayant un but précis, la réalisation de bénéfices, et comme
la dissolution n'éteint pas la société mais ne fait que
transformer son but, il en résulte que le patrimoine
société devient simplement un patrimoine en liquidation
« qui reste tenu des obligations du premier en confor-
mité du but successif. » La conclusion paraît exacte si

(1) Bonelli. La Personalita giuridica dei beni in liquidazione
giudiziale dans la Rivista italiana per le scienze giuridiche, t.
wii, p. 317.

les prémisses sont justifiées. M. Saleilles (1) le croit :
« On peut concevoir un être juridique, personne morale,
ayant sa responsabilité juridique distincte et corroborée
toutefois par la responsabilité personnelle d'individus
qui ne se confondent pas avec elle, comme c'est le cas
pour les sociétés elles-mêmes, personnes civiles, ayant
leur passif propre et soutenues cependant par la responsabilité dans une mesure plus ou moins variable des
associés eux-mêmes. »

Nous sommes tentés d'avouer plutôt que nous ne com-
prenons pas ce que peuvent être des droits sans maîtres
ou plutôt des droits qui ne se rapportent pas à un sujet.
« Tout droit subjectif consiste en une puissance sur
son objet et présuppose par conséquent un sujet porteur
de cette puissance (2) ».

C'est parce que notre droit ne conçoit pas qu'il puisse
y avoir d'autre sujet de droits que l'homme seul doué de
volonté, qu'on a été amené à donner à certains biens,
à raison du but auxquels ils sont destinés, un sujet
purement fictif et imaginaire. Mais si ce but est la raison
d'être de la personne morale, le propriétaire des biens,
c'est simplement changer une fiction par une autre.
Puisque la personne morale est créée en vertu d'un
but, ce n'est jamais ce but qui peut être cette personne.
« Si nous ne faisons qu'un du sujet et de l'objet, comme

(1) SALEILLES. Contribution à l'étude des méthodes juridiques.
Annales, 1891, p. 225.
(2) GOUDY, p. 33.

dit Giorgi (1), adieu le rapport de l'un à l'autre, adieu le droit tout entier. »

Aussi, cette théorie qui avait tenté l'ingéniosité des juristes allemands ne nous satisfait pas encore et nous croirions plutôt avec Ihering (2) que le vrai titulaire du droit c'est l'individu dans l'intérêt duquel il est établi, en l'espèce les associés qui doivent en profiter.

Partant de ce principe, que tout droit a pour but la satisfaction des besoins de l'homme, qu'en conséquence, il ne peut y avoir de sujets fictifs de droits, ceux-ci ne pouvant avoir de besoins, que d'autre part, il ne peut y avoir de besoins sans quelqu'un qui les éprouve il en conclut que la seule ressource c'est d'avoir recours aux individualités naturelles. « Dans l'association, les associés sont les vrais sujets de droit ; seulement ces divers intéressés n'apparaissent pas intérieurement comme les vrais sujets du droit dans la mesure de leurs parts respectives, c'est la communauté qui remplit ce rôle comme investie de tous les droits partiels, la communauté comme ensemble de tous les ayants droits. La personne juridique n'est pas elle-même le destinataire des droits qu'elle possède, ce sont les personnes physiques qui se trouvent, pour ainsi dire, derrière elle ; elle ne fait que les représenter ; elle est l'ayant cause technique nécessaire, le sujet de leurs droits vis-à-vis de l'intérieur,

(1) Giorgi. La dottrina delle persone giuridiche o corpi morali t. 1, p. 44.
(2) Esprit du droit romain, t. iv, p. 216, 240.

mais en réalité ce sont eux qui en profitent et en sont les vrais titulaires ». Ainsi, la personnification des sociétés ne crée pas un être spécial distinct des associés, c'est un simple moyen de faciliter les relations des associés avec les tiers, elle n'est qu'une « forte concentration des droits individuels (1) » mais les véritables ayants droits, ce sont les intéressés qu'on ne voit pas, qui ne sont pas moins les uniques sujets des droits sociaux. « Les sociétés commerciales sont de simples modalités de la vie juridique des personnes réelles. » (2)

Van den Heuvel (3) a essayé et a réussi, nous semble-t-il, à prouver que toutes les conséquences que l'on attribue à la personnalité morale peuvent s'expliquer très naturellement et que l'harmonie des droits individuels suffit à les justifier. Il prend les plus importantes de ces conséquences, la représentation en justice de la

---

(1) CASSAGNADE. *Op. cit.*, p. 120. « L'expression personne morale ne sert qu'à désigner les intéressés sans autrement les faire connaître, mais ils sont toujours présents et s'ils semblent s'effacer en face de l'être fictif, ce n'est que par un procédé de simplification analytique imposé par la nécessité. Ainsi, cette personne n'est autre chose que la forme spéciale dans laquelle les membres d'une société manifestent leurs rapports juridiques avec le monde extérieur, elle n'est que le sujet apparent des droits et du patrimoine, mais ce sont eux qui en sont les véritables titulaires et qui en ont en même temps, que le profit, la propriété. » p. 121.

(2) LAINÉ. Des pers. mor. en droit internat. privé, p. 34.

(3) Van den HEUVEL : De la situation légale des associations sans but lucratif, p. 40 et suiv. Il ne nous paraît nécessaire de donner ici de longs détails sur cette démonstration. On se rapportera avec profit à cet ouvrage.

société, le caractère mobilier du droit des associés, enfin la distinction entre le fonds social et le capital des associés.

· Comment la société peut-elle agir en justice ? Mais est-ce que les syndics de faillite ne mènent pas les procès dans l'intérêt des créanciers et dit-on pour cela que la masse. créancière a la personnalité morale. — On invoque que nul ne plaide par procureur. Mais la Cour de Cassation elle-même a proclamé que cette maxime n'était pas d'ordre public. On peut y renoncer et cette renonciation peut s'induire de l'acceptation des statuts de la société.

· Comment les droits des associés sont-ils toujours mobiliers? Mais l'article 529 ne fait que donner un privilège permettant d'user, en faveur de certains droits immobiliers, de toutes les simplifications et de toutes les libertés que la loi reconnaît pour la transmission et la gestion des droits mobiliers.

Comment se fait-il enfin qu'il y ait distinction entre le patrimoine de la société et celui des associés ? Mais ce n'est en réalité qu'une conséquence du principe de la liberté des conventions. Pourquoi ne pourrait-on pas avec l'assentiment des créanciers restreindre ou augmenter leur gage, par là leur garantie, leurs sûretés.

Le fait par le capital social d'être affecté au remboursement des créanciers de l'entreprise s'explique par la charge imposée à ce capital en vertu de l'acte de société lui-même ; le droit de chaque associé est limité par.

celui des autres, et il n'est pas possible que le créancier individuel de l'un d'eux dispose de plus de pouvoirs que n'en a leur débiteur (1).

La conclusion de ces observations, c'est que les associés sont en tout temps les véritables propriétaires de l'avoir dit social et la situation ne change pas lorsque la société se dissout et se liquide. Les associés ne deviennent pas copropriétaires parce qu'ils l'ont toujours été et non pas parce qu'ils succèdent à la société, personne morale, mais, d'autre part, le régime de la liquidation sera calqué sur celui de la société parce que la dissolution ne change rien aux rapports sociaux et en conséquence les attributs que l'on accorde à la personnalité morale et que nous fesons dériver d'autres principes continueront d'être les attributs de la société en liquidation.

On compare, et avec juste raison, le régime de la société à la succession avec bénéfice d'inventaire ou avec séparation de patrimoine. A plus forte raison l'analogie est exacte s'il s'agit d'une société en liquidation. Dans la succession bénéficiaire les créanciers du défunt se paient sur l'actif héréditaire sans pouvoir

---

(1) MANARA. Della Societa di commercio irregulare e del loro fallimento. Voyez Annales, 98, p. 335.

Dans les partnerships anglaises qui n'ont pas la personnalité morale les créanciers ne sont pas néanmoins recevables à s'adresser immédiatement aux associés pour le paiement de leurs droits : ils doivent d'abord discuter le fonds social.

toucher aux biens de l'héritier comme les créanciers dans les sociétés par actions se paient exclusivement sur l'actif social sans pouvoir rien réclamer aux associés. Quant aux créanciers personnels de l'associé ou de l'héritier, ils ne peuvent saisir l'actif héréditaire ou social qu'après la satisfaction des créanciers du défunt ou de la société. Avec la séparation des patrimoines, les créanciers héréditaires ont les mêmes droits que les créanciers d'une société en nom collectif; ils peuvent se faire rembourser par préférence sur les biens de la société ou de l'hérédité et, s'ils ne sont pas entièrement satisfaits, réclamer aux associés ou aux héritiers leur paiement intégral ou tout au moins venir sur leurs biens en concurrence avec leurs créanciers personnels (1).

Ces résultats qui n'étonnent nullement dans le cas d'hérédité bénéficiaire et de séparation de patrimoines, pourquoi les trouverait-on étranges et se croirait-on obligé de les justifier dans le cas de société en liquidation par l'admission de l'existence d'un être fictif soutenant les droits de la société ? L'analogie entre les deux situations est surtout frappante si l'on voit dans la séparation des patrimoines deux masses d'actif et de passif bien distinctes, deux débiteurs ayant chacun leurs propres créanciers (2). La seule différence de fait, c'est

(1) Confr. M. PLANIOL. Examen doct. de jurisprud. *Revue critique*, 1891, p. 487, 88.
(2) Confr. MARCADÉ sur l'art. 881.

qu'en général; les héritiers administrent eux-mêmes les deux patrimoines; les associés au contraire pour la gestion du patrimoine en liquidation se font presque toujours représenter par l'un d'eux ou par un étranger, le liquidateur. Au surplus, il n'est pas étonnant de voir tous les associés faire la liquidation en commun et il peut arriver réciproquement qu'un curateur aux biens du decujus soit nommé dans le cas de succession bénéficiaire si les héritiers, usant de la faculté que leur accorde l'article 802 du Code civil, abandonnent tous les biens de la succession aux créanciers et aux légataires, leur laissant par là même le soin de pourvoir à leur administration (1). Les créanciers de la succession auraient encore le droit de faire nommer un liquidateur si l'héritier commettait des fautes graves qui diminuassent leur gage.

Nous croyons que même pour ceux qui pensent que la dissolution d'une société correspond absolument à la mort d'une personne physique, que par conséquent la personnalité morale disparaît alors, notre théorie est encore acceptable et qu'il devient inutile de supposer la naissance d'une nouvelle société de liquidation. En effet, l'article 1872 du Code civil, nous dit que le partage des sociétés se fera d'après les mêmes règles que le partage des successions. Mais le mot partage n'est pas employé ici dans son sens étroit; il com-

(1) Confr. C. Lyon, 27 fév. 78. *Mont. jud. de Lyon*, 8 juin 78

prend aussi la liquidation, car les opérations qu'il comporte ne consistent pas seulement dans la division, mais aussi dans la formation de la masse à partager qui n'est autre chose que l'excédent d'actif. Dès lors, on ne peut s'étonner que la liquidation continue et représente la société, comme l'hérédité bénéficiaire soutient la personne du défunt. « De même qu'en matière de succession bénéficiaire, dit en ce sens Massé (1), les actions doivent être portées devant le tribunal du lieu où la succession s'est ouverte, de même aussi en matière de société dissoute, mais non liquidée, le juge compétent est celui du siège de la société, parce que c'est là que les opérations sociales ont pris fin, que c'est en quelque sorte ouverte la succession de la société ». Et l'on ne peut pas dire qu'il faudrait pour donner aux créanciers en cas de liquidation, les facilités et les avantages qu'ils ont en cas de succession bénéficiaire leur reconnaître un véritable privilège et que ce privilège n'est inscrit nulle part (2), on le trouve au contraire, parfaitement énoncé dans l'article 1872 si l'on veut bien donner à celui-ci son véritable sens.

C'est en s'inspirant de ces idées sur la séparation des patrimoines qu'on comprendra pourquoi les liquidateurs, même si l'actif dépasse notoirement le passif, ne peuvent faire aucune répartition entre les associés avant la fin de la liquidation, parce que ces associés

___

(1) Massé, ss Req., 18 août 1840. S. 1840, I, 836.
(2) Montégu. *Op. cit.*, p. 43.

n'ont qu'un droit éventuel et ne peuvent être payés qu'après satisfaction de tous les créanciers.

Nous avons insisté sur l'analogie que présentaient la société en liquidation et la succession bénéficiaire, parce qu'il nous sera plus facile de déterminer plus tard avec précision, les droits des créanciers dans la société en liquidation; nous n'aurons en effet qu'à montrer que ces droits doivent, si notre point de départ est exact, être absolument les mêmes dans les deux cas.

Pour l'instant, nous avons essayé d'établir que, quelle que soit la façon dont on explique les règles qui régissent ces sociétés privilégiées, qui sont les sociétés commerciales, qu'on invoque l'existence d'un être fictif, sujet de certains droits sans maîtres ou qu'on rattache ces droits à la personne des associés, la société en liquidation continue à vivre sous le même régime qu'avant sa dissolution avec cette seule différence que son but s'est transformé, qu'elle ne vit plus avec pour objet la réalisation d'un gain mais la liquidation des biens sociaux.

Cela permet d'expliquer qu'il y a lieu à la liquidation d'une société irrégulière et qui a été annulée, car dans ce cas encore, il y a des rapports de fait à régler et l'utilité d'une liquidation est évidente; cette liquidation se poursuit d'après les mêmes règles qui régissaient la société de fait pendant sa période active. (1) Les

____

(1) Cass. Req., 15 janv. 89. *Annales,* 89 jur. p. 145. Note Pic. Req., 7 juillet 79. *J. des S.* 80, p. 608.

créanciers continuent donc pendant la liquidation à pouvoir, à leur choix et suivant leur intérêt, considérer la société comme leur débitrice ou s'adresser seulement à celui des associés avec lequel ils ont traité. L'annulation d'une société est en somme l'équivalent d'une dissolution. Les effets de l'une et de l'autre sont les mêmes (1).

S'il s'agissait d'une association en participation, société qui n'a jamais été un être à part qui n'a jamais eu un patrimoine distinct de celui des associés, il serait illogique que la dissolution eût pour effet de la personnaliser. S'il peut y avoir lieu à procéder à un règlement de comptes et même dans ce but à nommer un liquidateur (2), celui-ci ne peut évidemment agir en justice au nom de ces associés considérés en corps, uti universi (3), et les créanciers d'un des participants ne peuvent lui demander le paiement de leurs créances sous le prétexte que leur débiteur s'est obligé de l'intérêt commun des associés; ils auraient seulement contre les autres participants l'action oblique de l'article 1166.

Telles sont les idées que nous croyons justes sur la condition juridique de la société en liquidation.

Sans doute avec notre théorie, on arrive aux mêmes conséquences qu'avec le système de la subsistance

(1) La liq. des soc. comm. *Belg. jud.*, 92, p. 189.
(2) *Annales*, 1896, p. 16.
(3) Labbé ss Paris, 24 mai 1862. S. 63, 2, 201.

fictive de la personnalité morale. Nous ne disons pas qu'en effet il y ait là un grand intérêt pratique, mais il y a tout au moins un avantage théorique assez considérable. Le système de la jurisprudence française n'a été échaffaudé que pour ariver à expliquer des règles reconnues nécessaires, si bien que c'est la conclusion que l'on voulait en tirer qui a amené l'admission du principe.

Au contraire, écartant la fiction, nous expliquons d'abord que la condition juridique de la société ne change pas pendant la liquidation et, ceci déterminé, nous en tirons les déductions logiques. Au simple point de vue du raisonnement, il doit paraître préférable d'accepter notre système.

CHAPITRE III

CARACTÈRE JURIDIQUE DES LIQUIDATEURS

Le liquidateur représente la société en liquidation

SECTION PREMIÈRE

LE LIQUIDATEUR NE REPRÉSENTE PAS LES ASSOCIÉS, MAIS LA SOCIÉTÉ

Suivant la formule consacrée par les arrêts, il est juste de dire que le liquidateur représente la société, mais non les associés. Le contraire était soutenu autrefois par ceux qui, acceptant la théorie de Delangle, croyaient que la dissolution transformait la société en communauté. Il paraissait alors évident que « le liqui·dateur agit pour tous et chacun des associés et non pour un être moral (1) ». Mais, du moment que l'on admet avec nous que la société ne meurt pas tant que

(1) DELANGLE. *Op. cit.*, n° 693.

ses rapports avec les associés ou avec les tiers ne sont
pas réglés, la conséquence logique, c'est qu'à cette
société simplement transformée dans son but, il faut un
représentant qui la continue, et ce représentant ne peut
être une autre personne que le liquidateur.

Borsari (1) a soutenu cependant que « ceux qui sont
chargés du règlement des affaires de la société dissoute
sont mandataires des associés et non de la société, à
moins qu'ils n'aient été originairement nommés par
l'acte social. » C'est, qu'en effet, dans ce cas particulier,
les liquidateurs sont choisis au nom même de la société
non encore dissoute tandis que dans tous les autres cas
ce sont au contraire les associés qui les nomment et de
leur propre initiative. Cette distinction n'a pas de
raison d'être, car si la société vit toujours avec les
attributs de la personnalité morale, les associés dans la
nomination des liquidateurs agissent toujours comme
organes de la société, les liquidateurs doivent avoir
toujours le même caractère juridique; ils seraient
encore uniquement les représentants de la société si
la nomination était faite par voie judiciaire.

Au reste, pour combattre l'opinion qui veut que les
liquidateurs soient les mandataires des associés, il ne
suffirait pas de dire qu'un mandataire ne peut, pour
exercer son mandat, agir contre son propre mandant ;
c'est ce qui se produirait, ajoute-t-on, si le liquidateur

(1) Borsari. Il Codice di commercio del Regno d'Italia annotata
I, p. 517.

avait à agir contre un associé pour obtenir de lui les sommes nécessaires au paiement des dettes. En effet, si nous supposons, pour simplifier les choses, seulement deux associés, on ne voit pas pourquoi le liquidateur mandataire du premier pour obtenir un paiement du second, ne pourrait pas être aussi mandataire du second pour obtenir un paiement du premier.

Il vaut mieux simplement, et cela suffit, affirmer que le liquidateur n'est pas le mandataire des associés, mais « représente la société qui, bien que dissoute, continue à subsister pour les besoins de sa liquidation et à former une personne morale, ayant des droits complètement distincts de ceux des associés qui la composent»(1), et que c'est comme tel qu'il agira dans tous les cas pour faire valoir les droits de la société.

Cette conclusion semblera peut-être quelque peu étonnante si l'on se rappelle qu'étudiant la nature de la personnalité morale des sociétés, nous avons admis avec Ihering qu'en réalité, les vrais sujets des droits de la société sont bien les associés eux-mêmes. S'il en est ainsi, objectera-t-on, les liquidateurs sont bien les représentants des associés eux-mêmes et non ceux d'un être abstrait qui n'existe pas. Ici, il s'agit de s'entendre. Le liquidateur est, si l'on veut, le représentant des associés, mais non pas des associés pris individuellement, des associés en tant que collectivité, en

(1) Paris, 6 fév. 1891. J. S. 1894, p. 369.

tant que membres du même organisme, liés entre eux par leur volonté commune et pour une fin déterminée. Ce groupe qui forme un tout distinct de la personne des associés, c'est la société elle-même et on comprend facilement que, pour n'avoir pas à tout instant à revenir sur cette distinction des associés suivant qu'on les considère comme unis par le lien social ou comme individus distincts, nous acceptions cette formule plus simple : le liquidateur représente la société.

Nous l'avons dit, la jurisprudence tient aujourd'hui cette idée pour exacte. Nous savons bien que dans quelques arrêts récents (1), il est encore dit que les liquidateurs sont les mandataires des associés, mais cette affirmation n'est avancée là que d'une façon incidente. Sans doute, en employant cette expression, on considère les associés ut universi, les associés comme masse formant la société. Dans tous les arrêts qui ont eu au contraire à s'occuper plus spécialement de cette question, elle est résolue de la façon indiquée : les liquidateurs représentent la société. (2)

(1) Req., 14 mai 1890. *Jur. comm. Nantes*, 1890, 322, J. S. 1891 p. 546.
Paris 30 avril 1894. *Gaz. des trib.* n° 12, sept. 1894,
BRUXELLES, 8 déc. 1895. Pas. 1896, II, 115.
(2) Voyez cependant une décision de la Cour Suprême de l'Empire allemand du 15 décembre 1886, *Annales de droit commercial*, 1888. Doctr. p. 95, qui affirme que dans une société en nom collectif en liquidation, le liquidateur ne représente pas le patrimoine social, mais leurs associés dans leurs liens d'obligations persévérant jusqu'à la fin de la liquidation.

De là, il suit nécessairement que les pouvoirs légaux du liquidateur ne s'étendent pas à la représentation d'un associé dans un litige existant entre lui et les autres associés au sujet de leurs droits sur l'actif social. Le liquidateur, quoique chargé de l'état de répartition, n'a pas d'ailleurs à soutenir les prétentions d'un quelconque des intéressés ; il agit comme il le croit juste, et, la liquidation finie, c'est à l'associé qui se croit lésé à attaquer le partage. Tout au plus, le mandat dont nous traitons, pourrait-il lui être confié par l'associé en question (1).

On a voulu voir dans la situation du liquidateur une analogie frappante avec celle du notaire chargé, en cas de partage entre cohéritiers, de procéder à la formation de la masse partageable et à la composition des lots (art. 828 C. civ. et 976, C. de proc. civ.) (2).

Le notaire qui n'est nommé en justice que si les cohéritiers ne s'accordent pas, « n'est le représentant ni des héritiers, ni des créanciers ; il agit dans l'intérêt de la succession considérée dans son ensemble et qui, pour être privée de la personnalité morale, n'en constitue pas moins une universalité juridique distincte ».

Cela est exact, mais si le liquidateur prend au moment de la répartition la place du notaire, s'ensuit-il que les règles du partage des successions s'appliquent

<hr>

(1) Trib. fédéral, 23 janv. 1886, *Annales,* 1886-87, 1, 325.
(2) Valéry sous Arrêt, Paris, 19 déc. 1894, D. P., 1896, 2, 81.

strictement à la liquidation des sociétés ? (1) Ce scrait confondre trop facilement la liquidation et le partage. Le notaire ne réalise pas les biens de la succession, il, n'a pas à s'occuper de la vente des meubles ou immeubles, il n'a pas à payer les créanciers de la succession. D'autre part, si pendant la liquidation, la société se survit à elle-même, les règles du partage d'un patrimoine indivis ne peuvent plus s'appliquer ; elles n'entreront en considération qu'au moment où, la liquidation finie et la masse partageable établie, il s'agit simplement de procéder à la répartition entre associés.

D'après une théorie émise en Allemagne, les liquidateurs ne seraient pas à proprement parler les représentants de la société, mais à vrai dire ses organes. C'est qu'en effet, un mandataire ordinaire agit aux lieu et place du mandant qui pourrait certainement lui-même accomplir les actes qui font l'objet du mandat, s'il le voulait, ou s'il n'en était accidentellement empêché. Au contraire, la société ne peut agir, disons plus, ni peut vivre, que si une personne physique se charge de faire valoir ses droits et d'éteindre ses obligations, lui donne cette activité qui est la condition même de la vie. Ainsi, tandis que le mandataire se contente de remplacer le mandant, le liquidateur est une partie intégrante de cet organisme qu'on appelle une société en liquidation, il en est le rouage directeur (2).

(1) Doit-on nommer un juge-commissaire ?

(2) Ce que nous disons là, s'applique évidemment, et à fortiori, aux gérants et administrateurs.

Il n'y a pas là une subtilité de raisonnement destinée simplement à changer un nom par un autre. L'observation nous paraît justifiée et, pour la préciser encore, qu'on nous permette de citer ce qu'en dit M. Saleilles, rapportant l'opinion de Gierke ; « On ne représente que ceux qui existent déjà ; un représentant est celui qui substitue sa personnalité juridique à une personnalité déjà existante. Tel n'est pas le rôle des administrateurs d'une collectivité : ils traduisent à l'intérieur et manifestent au dehors cette volonté collective et une en même temps qui est la base de la personnalité civile ; ils lui servent d'intermédiaire ; ils en sont les organes (1). »

Au reste, les liquidateurs ne sont pas absolument les seuls organes de la société en liquidation. La dissolution met fin aux pouvoirs des gérants ou administrateurs, mais l'assemblée générale subsiste cependant. C'est même elle qui nomme les liquidateurs, les révoque, contrôle leurs comptes, leur enjoint d'agir de telle ou telle manière et dirige leurs opérations lorsque ceux-ci la convoquent pour lui demander conseil et assistance.

Il est très difficile cependant de fixer les limites de son action. Il est évident que le fait même de la liquidation la prive de certaines facultés qui supposent la vie active de la société. Nous croyons aussi que son ingérence ne peut être constante dans les opérations

(1) SALEILLES. — Essai d'une théorie juridique de l'obligation, p 365.

que doit faire le liquidateur, mais elle peut, au moment de la nomination de cet agent, se réserver le droit de permettre seule de procéder à certaines d'entre elles ou même arrêter, s'il y a lieu, l'action du liquidateur, sans qu'on puisse croire qu'en principe, une décision de l'assemblée générale est nécessaire pour certains actes, si importants qu'ils soient.

Dans tous les cas où elle aura à se réunir, son mode de constitution ne changera pas ; il en résulte que la proportion entre les voix revenant à chaque actionnaire et le nombre de ses actions, d'après la détermination des statuts (art. 27 de la loi du 24 juillet 1867); reste la même pendant la liquidation (1).

Quant aux administrateurs, si leur emploi n'a plus de raison d'être, ils devraient néanmoins prêter leur concours à la liquidation, s'ils en étaient requis (2). Enfin, on peut admettre que la liquidation ne met pas fin aux fonctions du conseil ou des commissaires de surveillance ; les liquidateurs devraient donc remettre aux commissaires le bilan qu'ils ont à présenter annuellement, comme nous le verrons, à l'assemblée générale, si la liquidation est longue, et ces commissaires auraient à rédiger un rapport. Ils pourraient encore, en cas d'urgence, convoquer l'assemblée générale (art. 33, loi 24 juillet 1867).

______

(1) Cass. 20 juillet 1897. D. P., 1898, 1, 241. S'applique ici aussi la disposition ajoutée au § 1 de cet art. par la loi du 1er août 1893.

(2) Art. 211. C. Comm. italien.

Quoiqu'il en soit, c'est le liquidateur qui a désormais le rôle prépondérant et, comme organe de la société, il l'obligera par tous les actes qu'il accomplira dans la limite de son mandat. Il devra, dit-on, s'il est prudent, et pour ne pas tromper les tiers, user de la raison sociale suivie des mots « en liquidation ».

C'est ce que prescrivent l'article 111, al. 2, de la loi belge, article 139 Code Comm. all., article 198 Code de commerce italien. Ces dispositions ne sont peut-être pas très utiles, car les tiers sont déjà informés que la société est en liquidation puisque la publication de la dissolution et du mode de liquidation faite en vertu de l'article 61 de la loi de 1867 leur a permis de connaître la situation actuelle de la société.

Il suffit donc que le liquidateur signe avec la raison sociale pour que dans la société se trouve engagée alors même qu'il aurait usé de la signature dans son intérêt personnel. Les engagements souscrits par lui obligerait encore la société bien qu'ils ne soient pas signés de la raison sociale si d'ailleurs il est établi qu'ils ont été contractés dans son intérêt et pour son compte (1).

Suivant Massé (2), le liquidateur n'obligerait la société d'où les associés solidairement dans les sociétés en nom collectif que pour les obligations qui rentrent

____

(1) Req., 19 nov. 1835. S. 1836, 1, 132.

(2) Massé. Droit commercial dans ses rapports avec le droit civil et le droit des gens, n° 58 et suiv.

dans ses fonctions et ses devoirs comme liquidateur. Si au contraire, il contracte avec un mandat spécial qui ajoute à ses pouvoirs de liquidateur, il n'oblige les associés mandants que pour leurs parts et portions. Cette distinction ne nous paraît pas justifiée, car dans tous les cas, que le liquidateur contracte d'après ses pouvoirs généraux ou d'après un mandat particulier, c'est toujours la société et non les associés qui est le mandant.

Nous admettons, du reste, fort bien que si le liquidateur a contracté sans aucun mandat il n'oblige la société et les associés que jusqu'à concurrence du profit que la liquidation a retiré du mandat.

Réciproquement, le liquidateur ne se trouvera pas personnellement obligé par les opérations faites pour la société dans la limite de son mandat. Il est cependant un cas, dit-on, où le liquidateur d'une société en nom collectif ou en commandite, alors même qu'il ne serait pas associé pourrait être recherché personnellement en raison d'engagements pris en sa qualité et dans le cercle de ses pouvoirs, c'est lorsqu'il a reçu mission de continuer les opérations sociales ; car, relativement à ces opérations, le liquidateur devrait être considéré comme le gérant de la société (1). On peut répondre cependant que les conditions dans lesquelles fonctionne la société après la dissolution sont tout autres, qu'on ne voit pas

____

(1) C. Paris, 18 avril 1841. *J. Pal.* 1841, p. 619.

pourquoi le liquidateur ne serait pas assimilé à un administrateur de société anonyme, et que d'autre part, les tiers ne peuvent être trompés, si le liquidateur use de la raison sociale, suivie ou non des mots « en liquidation ».

SECTION DEUXIÈME

LES DROITS ET DEVOIRS DU LIQUIDATEUR SONT DÉTERMINÉS
PAR LES RÈGLES DU MANDAT.

D'après ce que nous venons de dire, ce sont donc les règles du mandat qui vont nous servir à déterminer les droits et la responsabilité du liquidateur vis-à-vis de la société.

Révocable (1), et dans tous les cas, même quand il est nommé par justice, à la condition toutefois que les associés soit d'accord sur le choix de son remplaçant, il est tenu d'exécuter son mandat tant qu'il en demeure chargé (article 1991, Code civil) et de se comporter en cela avec la diligence des commerçants vigilants. S'il transgresse l'une ou l'autre de ces obligations, il en répond directement devant les associés. De plus, comme en principe, le mandat du liquidateur est salarié (il l'est dans toutes les liquidations judiciaires), il répond non-

---

(1) La plupart des règles du Chap. iv, t. xiii, L. iii. Des différentes manières dont le mandat finit s'appliquent ici. V. art. 2003, 2004, 2005, 2006, 2010. Il y a controverse sur l'art. 2007, (renonciation du mandataire).

seulement de son dol, mais encore-des fautes ou erreurs grossières commises dans sa gestion, et cette responsabilité doit-être appliquée rigoureusement (art. 1992, Code civil).

La faute qui amène le plus souvent l'exercice de l'action en responsabilité contre les liquidateurs est le fait qu'avant d'avoir éteint le passif social, ils ont réparti l'actif entre les divers associés (1). Comme dans ce cas, les actionnaires peuvent être condamnés à la restitution de l'indù, il est certain que le liquidateur qui a ainsi partagé entre lui et ses coassociés un actif fictif commet une espèce de dot qui doit engager la responsabilité de son auteur.

Il y aurait faute du liquidateur dans le fait de s'appliquer à lui seul les bénéfices d'une opération qu'il n'a pu faire que comme membre de la société. Il est responsable des prescriptions qu'il n'aurait pas interrompues, des négligences dans les poursuites contre les débiteurs, de l'omission d'une inscription hypothécaire au profit de la société ou de son renouvellement. Dans le cas enfin où le liquidateur aurait fait servir à son usage les sommes dont il est reliquataire, il en devrait les intérêts, conformément à l'art. 1996, du Code civil (2).

---

(1) Comm. Seine, 7 avril 1884. R. S. 1884, p. 512. C. Paris, 28 mai 1884. R. S. 1884, p. 562.

(2) Sur le point de savoir, s'il est permis au liquidateur de contracter avec lui-même, voyez pour tous renseignements, Sraffa, *op. cit,*, n° 50 (confr., aussi l'opuscule de Sraffa. Il contratto del commissionaro con medesimo).

Lorsqu'il y a plusieurs liquidateurs, chacun a en principe le droit de faire séparément tous les actes de liquidation, l'art. 1857 du Code civil sur le cas de plusieurs associés étant applicable à tout mandat (1). Mais on s'est demandé, et la question a été diversement résolue, s'il existait entre eux une solidarité de plein droit. Nous le pensons, quoiqu'on ait soutenu que le Code de

Ce n'est là qu'une partie de l'étude plus générale de la validité des contrats conclus par le mandataire avec lui-même, ce que les Allemands appellent das Selbstcontrahiren. Il est difficile de concevoir qu'une personne, en vertu d'un mandat, puisse remplir l'office des deux contractants, qu'une volonté unique remplisse le rôle de deux volontés et consente avec elle-même. Cependant; il est admis depuis fort longtemps qu'un commerçant commis par exemple à la vente de marchandises, peut les acheter lui-même, non si la détermination du peu lui est remise, mais s'il s'agit de choses ayant une valeur courante, dont le prix peut être fixé d'une façon certaine d'après les marchés publics. En ce sens la C. de Cassat. 4 déc. 1854 (D. P., 55, I, 22) décide qu'«aucune loi n'interdit à la même personne de faire partie de plusieurs sociétés et d'être gérant de sociétés différentes ; que D. gérant de la société D et Cie a pu aussi avoir la même qualité dans la société L et Cie et arrêter en cette qualité les comptes que cette société avait avec la société D et Cie ».

Cependant, s'il s'agit spécialement de liquidateurs, il nous semble que par analogie avec l'art. 40 de la loi de 1867, il doit leur être interdit toutes opérations où leur intérêt personnel entre en jeu. Sraffa conclut au contraire, se basant sur l'art. 150 du C. de Comm. italien, que le liquidateur est responsable des pertes que son acte fait subir à la société, mais que l'acte n'est pas nul en lui-même.

(1) Douai, 9 juillet 1887, J. S., 1889, p. 89. *Sic.* C. comm., art. 364. Contra. Comm. Seine, 27 sept. 1883. *Le Droit* n° du 12 oct. 1883.

Lyon-Caen et Renault. Traité, t. ii, n° 394, p. 258.

commerce en déterminant lui-même les cas dans lesquels la solidarité aura lieu de plein droit excluait par le même tous ceux dont il ne parlait pas, et que, dans le silence du Code c'est l'art. 1995 du Code civil qui s'appliquait, c'est-à-dire que la solidarité n'existait qu'autant qu'elle était exprimée (1).

Lorsque la liquidation est terminée, le liquidateur comme tout mandataire est tenu de rendre compte de sa gestion (art. 1993 du Code civil). Les pouvoirs de l'assemblée générale n'ont pas cessé par le fait de la dissolution. Après l'avoir convoquée, c'est donc devant-elle qu'il se présentera pour lui présenter ses comptes et les lui faire approuver (2). Dans la pratique, lorsque la liquidation se poursuit pendant plusieurs années, le liquidateur la convoque même annuellement et lui soumet le résultat des opérations qu'il a faites depuis sa dernière réunion et le bilan. (3) Au reste, il est admis que si le liquidateur est en même temps actionnaire, il ne saurait prendre part aux résolutions de l'assemblée générale appelée à approuver ses comptes. On ne peut, en effet, concevoir qu'un mandataire ait le droit

----

(1) MASSÉ, l. IV, n° 8 et suiv. Contra Troplong. Du mandat, n° 497.

(2) Les comptes du liq. sont valablement approuvés par l'ass. gén. bien qu'ils n'aient pas été soumis aux commissaires vérificateurs, le rôle de ces derniers n'ayant plus de raison d'être à partir de la mise en liquidation. (Comm. Seine, 19 mars 1894. R. S. 94, p. 453). Cette décision ne nous paraît pas exacte.

(3) Dans les sociétés anglaises, si la liquidation dure plus d'un an, le liquidateur présente deux rapports par an (Règle 127 du règlem. gén. de 1890).

-d'approuver lui-même l'exécution de son mandat, car alors, « si le mandataire pouvait lui-même s'en donner quitus et décharge en tout ou en partie, cette reddition de comptes deviendrait illusoire » (1). Il faut reconnaître cependant que la jurisprudence est contraire pour les comptes annuels des administrateurs.

En tous cas, les liquidateurs sont les mandataires de la société et non ceux des associés considérés *uti singuli* ; aussi est-ce seulement à l'assemblée générale qu'ils doivent des comptes et ils ne seraient pas tenus de les rendre seulement à une fraction des actionnaires. En revanche, ils ne pourraient pas refuser à ces actionnaires, la communication des pièces, registres et documents divers relatifs à la liquidation, tout au moins cela n'est pas douteux des documents désignés en l'art. 12 de la loi du 24 juillet 1867 (2).

On a soutenu que les liquidateurs devaient rendre des comptes partiels aux associés (3). Il y aurait simple application de l'art. 1993, Code civil. Sans doute, dit-on, le liquidateur est mandataire de la société et non des associés ; mais chaque associé est lui-même mandant de la société, qui, responsable des apports qu'on lui a confiés, est tenue de les mettre au courant de la façon dont elle s'acquitte de son mandat, et « à partir de la

____

(1) Comm. Seine, 17 nov. 1891. J. S, 1892, p. 320.
(2) Paris, 28 juin 1895. J. S. 95. p. 429. Paris, 30 juin 1897. *Annales de Droit Commercial*, 98, p. 16.
(3) VALÉRY. *Loc. cit.*

mise en liquidation, elle ne peut le faire que par l'intermédiaire du liquidateur puisque c'est lui qui la représente désormais ».

Que l'associé ait le droit de connaître la situation sociale, fort bien ; mais cela ne prouve pas qu'il puisse s'adresser directement au liquidateur. C'est l'assemblée générale qui demandera ses comptes à celui-ci, et ainsi tous les associés en seront informés. Leur situation est la même que pendant la vie active de la société vis-à-vis des gérants ou administrateurs.

Si le liquidateur a commis quelque faute dans sa gestion, comment la société exercera-t-elle contre lui l'action en responsabilité ?

L'assemblée générale désignera une personne chargée de poursuivre en justice le liquidateur coupable.

Dans le cas où la société est *in bonis*, la jurisprudence reconnaît, et logiquement elle doit l'admettre dans le cas de liquidation, que l'action en responsabilité peut être exercée aussi par chacun des actionnaires. A cela elle ajoute, il est vrai, quelques tempéraments. Il faut que la société n'exerce pas l'action elle-même, n'y ait pas renoncé, n'ait pas donné décharge aux administrateurs. Enfin, c'est simplement dans la mesure de son intérêt personnel que l'actionnaire peut bénéficier de l'action. Malgré cela, la doctrine jurisprudentielle doit être repoussée. Le liquidateur ne connaît pas l'actionnaire qui doit être renvoyé de sa demande, parce qu'il exerce non pas une action à lui, mais celle d'une autre personne. Quand il s'agit d'un droit social, il est impossible que les associés puissent intervenir, « car du dommage causé à la société ils ne subissent qu'une lésion médiate, en tant qu'a été lésé le corps social ». (1)

Aussi, l'action individuelle pour la responsabilité du liquidateur ne pourra être acceptée que pour les actes qui ont lésé le seul associé qui l'excerce.

D'après l'art. 17 de la loi du 24 juillet 1867, des actionnaires représentant le vingtième au moins du capital social peuvent, dans un intérêt commun, charger à leurs frais un ou plusieurs mandataires d'intenter une action contre les gérants ou administrateurs. Ces règles continueront à s'appliquer après la dissolution car elles n'ont rien d'incompatible avec la liquidation.

Les liquidateurs, reconnus coupables par le tribunal, auront à réparer le préjudice par eux commis, mais ces représentants de la société ont eu en mains des sommes très considérables provenant du recouvrement des créances ou de la vente des meubles et immeubles de la société. S'ils ont dissipé ces sommes, la responsabilité qui leur incombe ne suffira pas à les faire rentrer, ne sera pas une garantie suffisante. Les associés peuvent-ils obliger le liquidateur à donner caution ou à leur fournir un gage, peuvent-ils l'obliger à déposer dans une caisse choisie par eux les sommes qui font partie de l'avoir social ?

____

(1) VIVANTE, vol. I, p. 538. Confr. LYON-CAEN et RENAULT. Traité, t. II, n° 827 et suiv.

Nous avons vu que les administrateurs liquidateurs de sociétés près le Tribunal de commerce de la Seine, doivent d'une part verser un cautionnement de 25,000 francs et avoir une caisse commune constituée par des mises de 25,000 francs, que, d'autre part, ils déposent à la Caisse des Dépôts et Consignations toutes les sommes au-dessus de 500 francs ; ce sont des conditions imposées à leur nomination. Dans les liquidations amiables, rien n'empêche aussi les associés de ne nommer un liquidateur que si celui-ci s'engage à fournir une caution et à déposer en une caisse désignée les valeurs sociales. Si la nomination a été faite sans conditions, on ne peut forcer le liquidateur à exécuter ce qu'il n'a point promis, à moins cependant qu'il ne soit devenu d'une insolvabilité notoire. Mais on a un moyen indirect de l'y obliger, c'est en le menaçant de la révocation. Le seul cas où les associés se trouveraient désarmés, c'est lorsque le liquidateur a été choisi par le pacte social, car dans ce cas, il ne peut pas être révoqué *ad nutum*.

Ainsi, pour déterminer les obligations du liquidateur, il suffit dans tous les cas de se reporter aux principes du mandat. Cependant, nous avons montré que le liquidateur était plus qu'un mandataire, qu'il était la société elle-même. De là, on a tiré quelques conséquences pratiques. Ainsi, en règle générale, le mandant ne répond pas du dol et de la fraude du mandataire. A l'égard des actes du liquidateur, la jurisprudence s'est prononcée dans un sens différent ; d'après elle, la responsabilité en remonte jusqu'aux associés (1).

Par dérogation au droit commun on refuse aussi au liquidateur le droit de se substituer une autre personne. En ce sens on fait valoir que sa mission est délicate et difficile, qu'elle implique une grande confiance en celui qui en est chargé et que par là même elle est intransmissible. Si donc, au mépris de cette règle le liquidateur s'était substitué une autre personne, il répondrait de ses actes, c'est évident ; mais de plus, le substitué n'aurait contre les associés que l'action indirecte de l'art. 1166 pour la répétition de ses avances ou frais et naturellement cette action pourrait être repoussée par toutes les exceptions opposables au liquidateur (2).

On a dit encore (3) que tandis que le mandataire n'est jamais obligé par suite de l'accomplissement du mandat, le liquidateur est tenu de tous les engagements contractés au nom de la société. Ceci nous paraît tout à fait inexact, au moins pour le cas où le liquidateur n'est pas un associé en nom.

Voyons maintenant quels sont les droits du liquidateur corrélatifs à ses obligations.

Le liquidateur doit être remboursé de tous les frais

(1) Req. 14 juin, 1847. D. P. 1847, 1, 332.
(2) BÉDARRIDE, n° 495. Aix, 11 janv. 1828. Dall. Répert. v° Société, n° 1062.
(3) RIGAL. *Op. cit.*, p. 82.

ou avances faits pour l'exécution du mandat (art. 1199, C. Civ.), de toutes pertes essuyées à l'occasion de sa gestion sans imprudence qui lui soit imputable (art. 2000 C. Civ.); enfin l'intérêt des avances qu'il a faites lui est dû par la société du jour des avances constatées (art. 2001 C. Civ.)

De plus, le liquidateur a droit au paiement des honoraires qui lui ont été promis. On peut même dire que le mandat du liquidateur est légalement présumé n'être accordé qu'en échange d'un salaire, que par conséquent il aura droit à des honoraires toutes les fois qu'il ne sera pas clairement entendu qu'il a offert gratuitement ses services, et le tribunal arbitrera ce qui lui est dû s'il ne peut y avoir accord entre le liquidateur et les associés. On ne comprend guère le motif de cet arrêt de la Cour de Paris du 22 novembre 1860 (1) qui décide que celui des associés qui est nommé liquidateur ne peut réclamer d'honoraires.

Quel sera donc le critérium qui permettra au juge d'en fixer le montant? Il devra tenir compte du nombre et de la difficulté des opérations effectuées et même de l'habileté dont a fait preuve le liquidateur qui en était chargé.

Dans aucun cas, les honoraires ne pourraient être, évalués d'après la seule durée de la fonction, mais ce pourrait être un élément important d'appréciation. On a fait remarquer avec raison que la rémunération des

(1) *J. des Trib. de Comm.*, 10, 76.

liquidateurs ne peut être fixée d'après le tarif établi pour les experts judiciaires (1).

- Le liquidateur se paie lui-même sur l'actif social, si celui-ci est suffisant ; sinon, il réclame son paiement aux associés eux-mêmes, mais nous ne pensons pas qu'on puisse, se basant sur l'article 2.002 du Code civil, d'après lequel, si le mandat a été confié par plusieurs personnes pour une affaire commune, chacune est tenue solidairement vis-à-vis du mandataire des effets du mandat, soutenir que les associés à responsabilité limitée sont tenus eux aussi envers le liquidateur au-delà de leur mise. C'est ce qu'affirme Vidari (2), qui dit qu'on ne peut douter que les obligations du mandant comprennent le paiement des avances, frais et honoraires du liquidateur, et que l'actionnaire est tenu non en tant qu'associé, mais en tant que mandant. Il y a là une grave erreur : le mandant, on ne saurait trop le répéter, c'est la société et non les associés qui n'interviennent dans la nomination du liquidateur, que comme les seuls organes de la société compétents pour lui donner une représentation.

Au contraire, quand l'actif social ne suffit pas à désintéresser le liquidateur, celui-ci a une action solidaire contre les associés à responsabilité illimitée pour le

(1) C. Rome, 20 juillet 1886. Temi romana 1886, 377.

Sur quelques usages établis en Toscane (retenue de 5 °/₀ sur les encaissements vérifiés), voyez Sraffa, *op. cit.*, n° 55.

(2) *Op. cit.*, n° 1194. En ce sens, GIUSTINIANI. Scioglimento et liquidazione delle societa commerciali, n° 113.

paiement des indemnités qui lui sont dûes. Dans la commandite, il aura donc action contre les commandités, mais, nous venons de le voir, pas contre les commanditaires qui n'ont pas à supporter les charges de la société au-delà de leur mise (1).

Quant à la question de savoir si les avances, frais et honoraires du liquidateur sont des créances privilégiées, nous aurons à nous en occuper plus tard.

Un arrêt de la Cour de Cassation du 8 janvier 1862 (2), décide que le liquidateur d'une société commerciale (en nom collectif) qui est en même temps associé et qui a payé de ses deniers propres, les dettes de la société, n'a fait en cela qu'acquitter sa propre dette, à laquelle il était tenu solidairement en sa qualité d'associé; dès lors, il ne pourrait être considéré comme étant devenu par là un créancier de la société, ni prétendre à ce titre à une action solidaire contre les autres associés : il n'aurait contre chacun d'eux qu'une action en paiement de leur part et portion dans la dette commune qu'il a acquittée. Cette solution pourrait sembler inexacte à première vue, car si le liquidateur n'a pas payé la dette sociale parce qu'il était poursuivi comme associé, il l'a payée parce que la société étant poursuivie, il a cru bon de lui avancer des deniers. Aussi, quand il se retournera contre les associés, il agira comme un liquidateur ordinaire. Ce serait peut-être pousser trop loin le dédouble-

(1) Cass., 24 déc. 1862. S. 1863, 1, 43.
(2) S. 1862, 1, 477.

ment des deux personnalités qui se fondent sur la tête de l'associé liquidateur. On en arriverait à cette conséquence, que celui-ci n'attendrait jamais les poursuites des créanciers, paierait toujours au nom de la société, serait-ce même avec ses deniers et aurait une action solidaire contre ses coassociés, alors que ceux-ci s'ils sont poursuivis par un créancier ne peuvent, au contraire, réclamer à leurs coassociés que leur part et portion des avances par eux faites. Il y aurait là une inégalité de situation qui justifie assez bien le système de la jurisprudence.

D'ailleurs, quel qu'il soit, le liquidateur peut agir pendant 30 ans pour ce qui lui est dû par la société. Il serait inutile d'invoquer l'article 64 du Code de commerce : il est inapplicable dans les rapports des associés avec le liquidateur, et la raison la plus probante en est que le point de départ de la prescription quinquennale c'est la dissolution de la société; or, les actes du liquidateur lui sont nécessairement postérieurs.

SECTION TROISIÈME

DU PRINCIPE QUI PERMET DE DÉTERMINER LES POUVOIR DU LIQUIDATEUR.

Il s'agit maintenant de déterminer en quoi consiste exactement son mandat, par là même, quels sont ses pouvoirs et nous supposons, bien entendu, que ceux-ci n'ont

pas été fixés par les associés mais qu'il a reçu la mission
générale de liquider. Cette question des pouvoirs des
liquidateurs a été très largement traite par les auteurs,
elle est l'objet de la plupart des arrêts de jurisprudence,
et nous n'avons pas l'intention de l'étudier en détail,
mais simplement de donner un principe général qui permettra de résoudre toutes les difficultés qui peuvent
surgir en pratique.

Le plus souvent, on a étudié un à un tous les actes
qui constituent la vie juridique d'un individu et on s'est
demandé si le liquidateur pouvait aliéner, hypothéquer,
emprunter, transiger, etc.

Pour arriver à une solution, on a cherché tout d'abord
à déterminer si le mandat du liquidateur était un mandat assimilable où non au mandat général dont parle
l'article 1988 du Code civil et qui, d'après les termes
mêmes de cet article, n'embrasse que les actes d'administration, exclut par conséquent la vente, l'hypothèque,
l'emprunt.

Les uns croient que l'article 1988 s'applique bien au
cas qui nous occupe mais que les pouvoirs du liquidateur seront plus étendus que ceux d'un mandataire
général ordinaire parce que la rigueur du droit commun
doit s'effacer devant les exigences du commerce (1). La
majorité des auteurs admet plus justement que le principe de l'article 1988 n'a rien à voir ici et pour s'en con-

----

(1) Bédarride, n° 592.

vaincre, il suffit de peser les termes mêmes de cet article. Il ne parle pas en effet de mandat général, mais de mandat conçu en termes généraux, ce qui n'est certes pas la même chose. Le mandat du liquidateur porte bien sur l'administration d'une universalité de biens, mais c'est un mandat conçu en termes exprès, car le but est bien déterminé ; il s'agit de transformer le patrimoine de la société en numéraire et le liquidateur aura pour devoir d'accomplir tous les actes qui rapprocheront de ce but. Troplong dit à ce sujet, d'une façon assez originale : « Son mandat est celui d'un mandataire général pour une certaine affaire. »

Au reste, ce qui prouve qu'il ne faut pas invoquer ici le principe de l'article 1988, c'est que, si nous l'acceptions, il devrait s'appliquer aux aliénations de meubles comme à celle d'immeubles, le liquidateur n'ayant le droit de procéder ni aux unes ni aux autres, et cependant personne ne lui a jamais contesté le droit de vendre les meubles de la société.

Ainsi ce n'est pas en s'inspirant de l'article 1988 qu'on peut déterminer quels actes sont permis au liquidateur, quels lui sont défendus. D'après M. Thaller (2), il faut raisonner par analogie avec d'autres situations où l'on rencontre aussi des mandataires ayant à gérer des universalités de biens et notamment avec la succession bénéficiaire et la faillite. Là où le successeur béni-

(1) TROPLONG, n° 1009.
(2) THALLER. Traité, 2e édit. n° 356, p. 221.

ficiaire et le syndic pourront agir sans qu'on exige une autorisation destinée à renforcer leurs pouvoirs, là aussi pourra agir librement le liquidateur et cela se présentera pour le recouvrement des créances, le paiement des dettes, la vente des meubles, des marchandises, du fonds de commerce. Là, au contraire, où les agents mentionnés auront besoin pour agir d'une autorisation complémentaire, le liquidateur lui aussi sera soumis aux mêmes formalités. La seule différence, c'est que cette autorisation, donnée dans le premier cas, tantôt par l'assemblée des créanciers, tantôt par le juge-commissaire, tantôt par le tribunal, sera invariablement donnée dans le deuxième cas par les associés (unanimité ou majorité, suivant la nature des sociétés.) Ceci se présentera pour la continuation de l'entreprise, la vente d'immeubles, etc.

Cette théorie a malheureusement de très gros inconvénients pratiques qui doivent la faire rejeter. Il est bien certain que le liquidateur se trouvera considérablement gêné, s'il doit à tout instant s'adresser aux associés eux-mêmes pour leur demander ce qu'il doit faire. La liquidation pourra se trouver, de ce fait, de beaucoup allongée et ces retards en augmentant les frais sont toujours préjudiciables. Mais le danger le plus grave, c'est que le liquidateur, à défaut de pouvoir agir immédiatement, peut, contre sa volonté, faire déclarer la faillite d'une société même fort riche. Supposons en effet, et cela peut se voir souvent, que le liquidateur, ayant épuisé les deniers de la caisse sociale, soit actionné par certains créanciers qui n'ont pas été encore payés. La société possède encore de nombreux immeubles et sa situation n'est pas précaire ; mais peu importe aux créanciers, ils demandent à être payés de suite. Ainsi le liquidateur sera réduit à l'extrémité de laisser déclarer la société en état de cessation de paiements parce que la réunion des associés demanderait trop de temps, alors que tout s'arrangerait à merveille, si on lui laissait la faculté de vendre immédiatement ou d'emprunter dans ces cas urgents.

Au reste, si juste que soit l'analogie entre la liquidation d'une société et la faillite ou la succession bénéficiaire, il y a lieu de remarquer que dans ces deux dernières situations, les administrateurs tiennent leurs pouvoirs de la loi, mais non des propriétaires des biens, qu'ainsi leur mandat a surtout un caractère conservatoire, au contraire, le liquidateur tient ses pouvoirs des associés eux-mêmes, il n'est pas présumé « avoir moins de pouvoirs que la société même, il est la société toute entière » (1). Et c'est pour cela, du reste, qu'on a dit que le liquidateur avait les mêmes pouvoirs qu'un gérant. Cela n'est pas plus exact et encore moins de croire que ce pouvoir des gérants « reçoit un accroissement marqué en la personne de l'associé liquidateur » (2). Le gérant et le liquidateur sont tous deux des organes de la société,

(1) PARDESSUS, rapporté par TROPLONG, n° 1010.
(2) C. Paris, cassé 15 janv. 1810. S. 1812, 1, 121.

voilà le point de ressemblance, mais ce qui différencie le mandat, c'est que la société est passée de la période active à la période de liquidation ; leur mandat n'a pas le même but et partant n'engendre pas les mêmes droits; l'un emporte les pouvoirs généraux pour gérer l'entreprise sociale, l'autre, les pouvoirs généraux à l'effet de liquider les rapports créés par la gestion du premier.

De ce que le mandat du liquidateur est un mandat *sui generis*, de ce qu'il peut faire tout ce que ferait la société dans le but de se liquider, tous les actes faits dans ce but par le liquidateur ressortiront leur plein effet. Aussi, ne nous paraît-il pas bon de déterminer à l'avance si tel ou tel acte est en soi et d'une façon générale du ressort du liquidateur. Ce sera au juge à voir dans chaque affaire spéciale qui lui sera soumise si l'acte incriminé doit être considéré ou non comme de nature à activer la marche de la liquidation. Le principe qui le guidera est donc très simple. Le liquidateur a-t-il eu en vue l'intérêt de la liquidation, l'acte était-il commandé par les circonstances, aucun reproche ne peut lui être fait. Au contraire, cet acte était-il sans utilité ou nuisible à la société, empire-t-il sa situation pécuniaire, le réprésentant social a commis une faute qu'il doit réparer. Cela, nous le répétons, parce que si le liquidateur n'a pas autre chose à faire qu'à mener à bonne fin la liquidation, il doit avoir pleins pouvoirs pour y arriver.

Remarquons que vis-à-vis des tiers, il importe peu

qu'il ait bien ou mal apprécié les besoins de la liquidation ; les actes passés par lui sont parfaits et absolument inattaquables à moins de réserve expresse contenue dans les statuts ou l'acte de nomination. Si les associés considèrent que le liquidateur leur a causé préjudice, le tribunal n'aura qu'à apprécier seulement si la responsabilité de celui-ci se trouve ou non engagée. Aussi, va-t-il de soi, qu'avant d'accomplir une opération importante, le liquidateur qui n'est pas persuadé de sa nécessité consultera tout d'abord les associés ou l'assemblée générale et se trouvera ainsi tout à fait à couvert.

Pour certains actes, comme la vente ou la dation de meubles en nantissement, personne n'a contesté au liquidateur le droit de les faire. Il peut aussi, et même doit, procéder à tous les actes conservatoires tels qu'inscriptions d'hypothèques en faveur de la société et renouvellement de ces inscriptions. Il pourrait évidemment produire à la faillite d'un débiteur social, et dans ce cas, il aurait le droit de voter pour le concordat.

Mais il ne nous semble pas davantage douteux que le liquidateur ait le droit d'aliéner les immeubles sociaux puisque son rôle est de convertir tout l'actif en espèces.

On disait autrefois que le liquidateur peut vendre tous les immeubles dont le prix est destiné à payer les dettes de la société, de plus, tous les immeubles impartageables en nature. Puisque nous avons admis que le liquidateur doit en général réduire tout l'actif en deniers, la distinction entre immeubles partageables ou non n'a plus de raison d'être.

Mais comment ces immeubles seront-ils vendus ? Le liquidateur pourra-t-il procéder à leur aliénation de gré à gré ? Oui, s'il croit de cette façon en tirer un prix supérieur à celui que donnerait une vente aux enchères, et il en sera ainsi dans la plupart des cas, car la vente amiable amène peu de frais et rapporte davantage. Le bénéfice des enchères est en effet trop souvent annulé par les accords passés entre les concurrents.

M. Bédarride (1) est seul, croyons-nous, à enseigner que les immeubles ne peuvent être vendus que judiciairement, et il faut reconnaître que la Cour de Cassation (2) semblait autrefois se prononcer dans le sens de la vente simplement permise aux enchères. Les liquidateurs à Paris vendent à l'amiable, s'ils le croient plus avantageux ; cependant, il est plutôt d'usage de faire mettre les immeubles en adjudication devant notaire. Dans quelques cas rares, on fait procéder à la vente à l'audience des criées du tribunal civil où on a l'avantage de la surenchère, et pour cela, on obtient un jugement rendu contradictoirement avec l'un des intéressés.

Il faut signaler un mode curieux d'aliénation employé quelquefois par les liquidateurs à la demande des associés. Ceux-ci en petit nombre, deux ou trois, peuvent

(1) BÉDARRIDE, n° 497.
(2) Cass. 24 juil. 1874. D. P., 74, 1, 199.
Contra. C. Paris, 12 mai 1885. R. S. 1885, p. 680.

désirer tous conserver l'entreprise sociale, par conséquent acheter le fonds de commerce et les immeubles
qui en dépendent. Ils conviennent de procéder aux
enchères, mais simplement entre eux, et pour éviter de
passer par devant notaire, ces enchères ont lieu dans le
cabinet du liquidateur qui au dernier enchéresseur fait
immédiatement signer l'acte de vente. C'est en réalité
une vente amiable sous la forme d'une vente aux enchères
irrégulière, mais une vente amiable qui permet à la
fois de contenter les associés et d'obtenir le plus haut
prix de la chose vendue.

Qu'il s'agisse d'aliénation de meubles ou d'immeubles,
il faut permettre au liquidateur de vendre à crédit. En
vain, dirait-on, qu'il abandonne une valeur certaine et
présente pour n'acquérir à la place qu'une simple
créance et que par là les intérêts sociaux peuvent
être en danger. La pratique commerciale oblige
pour ainsi dire tout commerçant à user du crédit, s'il
ne veut pas se voir délaissé par la clientèle et les liquidateurs devront se soumettre à cette loi pour n'être pas
réduits à faire au comptant des opérations ruineuses, à
laisser aux acquéreurs les marchandises avec des rabais
très considérables (1). Ajoutons que le liquidateur devra
cependant prendre ses dispositions pour que les
échéances tombent avant la fin de la liquidation,
que, d'autre part, sa responsabilité serait un jeu s'il avait

____

(1) Sic. SRAFFA. *Op. cit.*, n° 64.

traité avec des personnes notoirement insolvables, ou s'il ne leur avait pas demandé des garanties suffi-santes.

Le liquidateur étant libre de choisir le mode d'alié-nation qui paraît le mieux convenir, pourrait encore très certainement effectuer une vente en bloc de l'actif social. On objecte que, ce faisant, il ne s'acquitterait pas de sa mission qui est de liquider en détail (1). Pour nous, sa mission est de vendre aux conditions les plus avantageuses, et, en aliénant en bloc, il ne se décharge pas de son mandat, puisqu'il lui reste encore à payer les dettes sociales. Le liquidateur ne devra donc se guider que sur l'intérêt de la société.

Et c'est, en effet, toujours d'après ce même principe, que nous résoudrons les questions relatives à l'emprunt et à l'hypothèque. On refuse d'ordinaire au liquidateur les pouvoirs de faire ces deux sortes d'actes en se fondant sur ce qu'il créerait par là de nouvelles charges pour la société et qu'il ne le doit pas.

Etudions l'emprunt tout d'abord.

Il est bien vrai que c'est en lui-même, un acte dan-gereux, mais il s'agit de savoir si, en s'attachant aux résultats acquis, le liquidateur devait en user pour le bien commun. Or, il arrivera très souvent que l'emprunt est justement nécessaire pour éviter la faillite. Les administrateurs ne peuvent emprunter qu'avec l'auto-risation de l'assemblée générale. C'est que, dans une

(1) Lévi. *Op. cit.*, p. 46.

société, pendant sa période active, les administrateurs trouvent au jour le jour dans les bénéfices réalisés de quoi satisfaire les créanciers, et quand ils savent avoir besoin d'argent, ils ont le temps de convoquer une assemblée générale. Au contraire, quand la vie de la société cesse, c'est dans la vente de l'actif social seulement que les liquidateurs trouveront les ressources suffisantes pour faire face aux créanciers sociaux, qui, parce qu'ils savent que la société est en liquidation, se montrent plus exigents, plus pressants dans leurs demandes. Si cette vente de l'actif ne peut se faire dans de bonnes conditions, si les fonds manquent, qui sait si le liquidateur aura le temps de demander aux associés une autorisation qui n'arriverait qu'après la déclaration de faillite. Il faut donc lui laisser sous sa responsabilité personnelle le soin de faire tous les actes qu'il croit nécessaires à la liquidation. Il rendra compte au temps voulu. Un contrôle continuel et absolu le gênerait, trop de prudence serait souvent nuisible (1). On peut simplement affirmer que l'emprunt sera la dernière ressource du liquidateur, celle qu'il n'emploiera qu'à la dernière extrémité et que si les créanciers l'acculent à ce pas dangereux.

C'est en ce sens que semble se prononcer la jurisprudence. « Le liquidateur peut, *si l'intérêt de la société l'exige*, continuer l'exploitation et contracter

____

(1) MALAPEYRE et JOURDAIN. *Op. cit.*, p. 331.

un emprunt » dit un jugement du Tribunal civil de la Seine du 13 juillet 1883. (1)

S'il s'agit de la continuation des opérations sociales, c'est encore le même criterium dont on s'inspirera « Le liquidateur peut terminer les affaires commencées, et si, pour atteindre ce but, de nouvelles négociations, étaient nécessaires, il aurait le droit d'y procéder *pourvu que cette nécessité fût justifiée* » (2).

Les tiers qui auront traité avec le liquidateur auront-ils une créance privilégiée? Pas en principe, mais seulement, s'ils prouvent qu'en fait, les fournitures par eux faites ont servi à la conservation de l'actif social.

Il nous sera très facile maintenant de traiter de l'hypothèque. On admet généralement que le liquidateur peut grever de cette charge un immeuble social s'il s'agit de donner une sûreté à un créancier de la société qui la menace de poursuites; au contraire, le liquidateur n'a plus les mêmes pouvoirs s'il s'agit de donner une garantie à un prêteur de deniers. Pour nous qui acceptons la validité de l'emprunt dans certains cas, l'hypothèque sera valable toutes les fois qu'elle garantira un emprunt justifié. Remarquons que l'hypothèque est une charge réelle, qui dans l'hypothèse la plus défavorable, peut aboutir à la vente ; c'est-à-dire à un acte qui rentre dans les attributions du liquidateur.

(1) R. S. 1883, p. 736.
(2) Cass. 5 mars 1850. D. P. 1850, 1, 167. Confr. PARDESSUS n°, 1074 bis.

Le liquidateur peut-il endosser des effets de commerce, peut-il transiger et compromettre ? C'étaient là des questions fort controversées autrefois (1). La première est résolue aujourd'hui par tous les auteurs dans le sens de l'affirmative. On ne verrait pas, en effet, pourquoi le liquidateur sous le coup des poursuites des créanciers pourrait disposer des deniers provenant de la vente de l'actif et ne pourrait pas dans le même cas éteindre les dettes en faisant usage des valeurs du portefeuille de la société (2).

. La seconde question se résout dans le même sens par cette simple raison que, suivant le dicton, un mauvais

______

(1) Sur la transaction. Cass. 15 janv. 1812. S. 1812, 1, 113. Dans cette espèce on produisit des parères prouvant que déjà il était dans l'usage de donner ce pouvoir au liquidateur. Cette affaire fit grand bruit. Un mémoire (auteur inconnu) fut même écrit au sujet de cet arrêt. L'auteur insiste surtout sur cette idée, que le liquidateur est autre chose qu'un simple mandataire, que représentant de la société, il doit en exercer tous les droits et tous les pouvoirs.

(2) Pont. n° 1955. Il faut, disait HORNSON, appliquer avec rigueur l'art. 1988 et restreindre le mandat aux faits d'administration. Nous savons combien ce raisonnement est peu acceptable. Mais, disait Frémcry, p. 70. « Négocier des effets de commerce, c'est emprunter sous sa signature accompagnée de celle des endosseurs, tireur et accepteur ». Nous répondons que d'abord nous croyons que le liquidateur peut emprunter, que d'ailleurs l'endossement diffère essentiellement de l'emprunt en ce que celui-ci crée une dette nouvelle alors que l'endossement ne dans pas les associés plus pauvres. S'il s'agit de la création d'effets de commerce dans le but d'emprunter, l'opération est valable si l'emprunt est utile. Elle est valable dans tous les cas si le liquidateur tiré en règlement sur les débiteurs de la société.

accommodement vaut mieux qu'un bon procès, et qu'il serait contraire à l'intérêt social de forcer le liquidateur à intenter des procès longs et coûteux, alors qu'un léger sacrifice de la part de la société peut aplanir toutes les difficultés (1).

La conclusion de tout ceci, c'est, qu'étant donné un acte du liquidateur, on ne peut, pour juger si celui-ci a dépassé les limites de son mandat considérer cet acte en soi ; il faut se demander, si, étant admises les circonstances de fait qui l'on amené, cet acte pouvait, aux yeux d'un homme de bon sens, paraître nécessaire ou simplement utile à la liquidation au moment où il a été accompli, ou au contraire, nuisible ou sans utilité.

En somme, comme le pensent les tribunaux de commerce qui les nomment « avec les pouvoirs les plus étendus pour la réalisation de l'actif et l'extinction du passif », comme le disent les liquidateurs eux-mêmes, tout leur est permis ; mais en fait, pour tous les actes importants ils préfèrent se mettre à couvert en demandant leur avis aux associés et en agissant d'après leur volonté exprimée, sauf à procéder comme ils le jugent

---

(1) Sic. Douai, 9 juillet 1887, R. S. 88, p. 303. Comp. Rapport Pirmez à la Ch. des députés belge : « Un procès peut tenir pendant des années une liquidation en suspens ; il est rare qu'une transaction nuise à une partie et il est presque impossible que, dans une liquidation, elle ne compense pas les sacrifices qu'elle impose par les lenteurs qu'elle rachète. (Comment. législ. et doctr. de M. Vaelbroeck, p. 465 et 466).

bon, si les associés n'arrivent pas à s'entendre, et cela arrive souvent (1).

Après cette étude quelque peu rapide des pouvoirs généraux du liquidateur, nous nous attacherons plus spécialement à observer quel est son rôle en tant que représentant judiciaire de la société, et surtout quels

(1) Nous croyons utile de mettre sous les yeux du lecteur les art. 90 et 104 de l'acte anglais de 1856.

Les liquidateurs peuvent:

« Intenter ou soutenir une action ou un procès au civil ou au criminel, au nom et dans l'intérêt de la Cie.

« Continuer les affaires de la Cie, s'il est nécessaire de manière à rendre la liquidation avantageuse.

« Vendre toute propriété mobilière ou immobilière et toutes valeurs de la Cie soit à l'amiable, en bloc ou en détail.

« Signer au nom et dans l'intérêt de la Cie tous les actes reçus et autres pièces qu'ils croiront nécessaires et se servir à cet effet, s'il y a lieu, du nom de la Cie.

« Soumettre des contestations à des arbitres et passer des compromis au sujet de dettes et de réclamations.

« Réclamer et recevoir un dividende dans le cas de faillite ou d'insolvabilité d'un contribuable ou de séquestre de ses biens.

« Tirer, accepter, souscrire ou endosser une lettre de change ou un billet à ordre, et de plus, emprunter au besoin sur la garantie de l'avoir de la Cie les sommes qui sont nécessaires, toutes opérations qui engageront la Cie au même degré que si elles avaient été faites par la Cie elle-même en plein exercice.

« Faire tous autres actes nécessaires pour la liquidation de la Cie et pour la distribution de son actif ».

L'art. 95 de la loi du 7 août 1862, reproduit ces dispositions dans des termes à peu près identiques.

C'est là un système très large, peut-être le meilleur, car, c'est un fait d'expérience, la plaie de toutes les liquidations, c'est la lenteur des opérations. Il faut donc avant tout se préoccuper d'arriver le plus vite possible à la fin de la liquidation. Quant aux abus de pouvoirs, ils sont peu à craindre.

Les Codes allemand, italien et belge plus récents se sont très souvent inspiré du système anglais.

sont ses droits dans les actions qu'il aura à intenter contre les associés.

SECTION QUATRIÈME

DE LA REPRÉSENTATION JUDICIAIRE DE LA SOCIÉTÉ

Du principe qu'en toute circonstance le liquidateur est le représentant de la société, il en résulte que c'est lui et lui seul qui pourra ester en justice pour cette société, en exercer ses actions, défendre à toute instance civile ou pénale dirigée contre elle. Ce droit, personne ne le lui conteste, car s'il lui était refusé il ne pourrait pas exercer efficacement ses autres pouvoirs. Aussi, même ceux qui croient qu'il est un simple mandataire des associés admettent qu'il y a ici une dérogation à la règle : nul ne plaide par procureur, fondée sur un usage constant ; que le liquidateur jouit ainsi d'une situation toute personnelle, l'intérêt des tiers étant la cause de cette exception. Mais pour nous, il n'est pas douteux, et la question est alors très simplement résolue, que le liquidateur représente la société subsistante et non les associés individuellement.

Avant de passer en revue les actions que le liquidateur peut être amené à exercer, il est intéressant de se demander si les associés pourraient nommer pour des procès déterminés des mandataires spéciaux délégués, à l'exclusion des liquidateurs, pour représenter en justice la société.

Nous ne connaissons pas de décision qui ait eu, en France, à résoudre la question.

La Cour de Rome par un arrêt du 18 juin 1895 (1) a décidé que « l'assemblée des actionnaires ayant la représentation juridique de la société peut légitimement conférer à une commission spéciale le mandat de la représenter devant les tribunaux et ainsi de représenter les actionnaires uti socii; cette commission a qualité légitime pour assister en justice et par là pour défendre les droits de la société en liquidation, c'est-à-dire du patrimoine collectif et aussi les droits des actionnaires uti socii » (2). Nous croyons aussi que l'assemblée générale peut confier à d'autres personnes qu'au liquidateur la représentation en justice. En effet, ou ces mandataires spéciaux ont été nommés en même temps que les liquidateurs principaux, et alors on doit admettre que les associés ont voulu nommer plusieurs liquidateurs en leur confiant à chacun une mission spéciale, ou les mandataires ad litem ont été nommés après la nomination des liquidateurs généraux et alors le seul fait de leur désignation implique révocation des pouvoirs des liquidateurs quant à la représentation en justice, ce qui est parfaitement normal et légitime. Que certains auteurs italiens (3) n'acceptent pas cette manière

(1) La legge, 1895, 2, 149.
(2) Rocco. *Op. cit.*, n° 105.
(3) Voyez notamment SRAFFA, *op. cit.*, n° 41.
Vivante cep. n° 692, p. 128, dit que s'ils ne peuvent céder l'entier exercice des fonctions dont ils ont été investi, ils peuvent confier à d'autres l'exécution d'attributions spéciales.

de voir, qu'ils combattent l'arrêt précité, cela se comprend, car d'après l'art. 193 du Code de commerce italien, l'acte constitutif ou les statuts peuvent seuls établir un mode de liquidation différent de celui qu'indique le Code de commerce lui-même ; mais en France, aucune règle législative ne s'oppose à ce que l'assemblée générale ne dispose à son gré des pouvoirs conférés aux liquidateurs.

En principe, c'est d'ailleurs le liquidateur qui plaidera pour la société, et, remarquons-le, il n'a jamais pour cela besoin d'autorisation expresse. Il n'y a pas lieu de distinguer entre le cas où l'objet du litige est une chose dont il peut disposer et le cas où il s'agit d'objets dont il n'a que le dépôt ou la garde. Toutes les fois qu'il y a intérêt pour la liquidation, il sera maître d'intenter une action et aura pleine capacité pour accomplir tous les actes de procédure (1).

Le liquidateur pourrait aller jusqu'à la poursuite de l'expropriation forcée (2). Dans ce cas, il pourra se produire ce fait assez curieux qu'aucune enchère n'étant émise au jour de l'adjudication des immeubles du saisi,

(1) Un arrêt de Limoges, 10 mars 1882. *J. S.* 1882, p. 442, dispose que « les liquidateurs d'une société ne trouvant pas, dans leurs fonctions le pouvoir de transiger, les actions qu'ils intentent sont dispensées du préliminaire de conciliation ». Cela nous paraît tout à fait inexact à deux points de vue : d'abord les liquidateurs peuvent transiger ; ne le pourraient-ils pas qu'il est impossible, par le seul fait du choix d'un mandataire, de priver l'autre partie d'un bénéfice auquel elle a droit.

(2) Req., 24 juil. 1871, D. P., 71, 1, 199,

la société soit déclarée adjudicataire pour le montant de la mise à prix (art. 706, Code de proc. civ.), qu'ainsi elle voit augmenter son actif de nature immobilière. C'est un fait grave, mais il est certain qu'elle ne peut se soustraire aux conséquences de sa poursuite ; c'est au liquidateur à en prévoir les effets avant de la commencer. Au reste, la liquidation ayant pour but le règlement des rapports de la société avec les tiers de façon à amener le règlement des rapports entre associés, l'opération dont nous nous occupons aura eu tout au moins pour effet de liquider la situation du débiteur saisi vis-à-vis de la société, et il vaut encore mieux pour celle-ci recevoir en paiement un immeuble au lieu de deniers que de ne pas obtenir de paiement du tout. On ne peut donc à priori dire que le liquidateur a agi imprudemment pas plus qu'on ne pourrait lui reprocher de renoncer à une transaction pour continuer un procès sûr.

Remarquons que si au contraire, le liquidateur se montrait négligent, les associés ne pourraient intervenir, du moins s'il s'agit de l'intérêt de la masse, car le liquidateur en est le seul représentant ; et c'est pour cela que les créances sociales ne peuvent être soldées qu'entre ses mains et que les paiements faits à l'un des associés seraient nuls, même pour la part de celui qui les a reçus.

Quels sont donc les actions que pourra avoir à intenter le liquidateur ? On peut les diviser en trois catégories,

1° Actions contre les tiers.

2° Actions contre les gérants.

3° Actions contre les associés.

§ I. — Actions contre le tiers.

Sur la première espèce d'actions, il y a peu à dire. Nous savons que le premier devoir du liquidateur est de procéder au recouvrement des créances échues ; s'il n'y parvient pas il n'a qu'à s'adresser à la justice. Mais quelle sera sa situation vis-à-vis des souscripteurs ou acquéreurs d'obligations non libérées ? A-t-il le droit de leur réclamer les versements non effectués en leur disant : Payez d'abord, puis vous produirez pour la totalité du montant fixé pour les obligations et vous toucherez intégralement votre créance si les fonds sont suffisants, au prorata dans le cas contraire. En effet, par le fait de l'émission, l'obligataire est devenu créancier de la société pour les sommes par lui versées mais il est aussi débiteur, débiteur à terme, pour le montant total de l'obligation souscrite et quels que soient les événements qui se produisent, sa dette ne change pas de nature.

Ce n'est pas ainsi qu'il faut comprendre le contrat passé entre la société et l'obligataire. Celui-ci est un prêteur qui verse ou promet une somme déterminée, mais la société en revanche s'engage à lui payer des intérêts et à lui rembourser cette somme dans des conditions fixées. Du jour où la liquidation survenant, la société s'enlève les moyens de faire face à son engagement, l'obligataire sera en droit d'invoquer la condition résolutoire et de soutenir que son engagement est sans valeur, puisque la société cocontractante ne peut plus exécuter le sien. (1)

Nous en concluons que le liquidateur se trouve désarmé devant les obligataires à titres non entièrement libérés.

§ II. — Actions contre les gérants

Contre les gérants ou administrateurs, c'est lui seul qui peut intenter l'action en responsabilité, lui seul peut les attaquer en raison des fautes ou malversations commises dans l'exercice de leurs fonctions, et leur demander la réparation du dommage qui en est résulté pour la société. Toutefois, il faut bien s'entendre. Le liquidateur ne peut les poursuivre que comme responsables individuellement ou solidairement de leurs fautes mais il n'aurait pas qualité pour assigner en leur personne la société, puisque, pendant la liquidation, ils ont cessé de la représenter et que c'est lui, liquida-

(1) « Comment la société pourrait-elle soutenir que, ne pouvant plus remplir ses engagements, elle ou ses représentants peuvent cependant exiger que l'obligataire remplisse les siens?» CHAUVERON. De la portée et de l'étendue des engagements des souscripteurs et acquéreurs d'oblig. non libérées. *J. S.* 1889, p. 132.

teur, qui seul continue la personnalité juridique survivant à la dissolution (1). Autrement dit, il est évident que la société ne peut pas s'actionner elle-même, se faire un procès à elle-même.

Le liquidateur pourrait encore exercer l'action en responsabilité contre les membres du conseil de surveillance, dans le cas de l'article 9 de la loi du 24 juillet 1867, et il n'est pas besoin pour cela que les créanciers aient concouru au jugement qui l'a nommé en intervenant dans l'instance (2).

§ III. — Actions contre les associés.

Enfin le liquidateur peut actionner les associés qui, à un titre quelconque, se trouvent débiteurs de la société. Cela peut se produire dans deux cas : l'associé peut se trouver tenu de certaines obligations assumées envers la société, indépendamment de sa qualité d'associé, comme un tiers quelconque, ou au contraire il se peut se trouver débiteur d'une partie de l'apport promis par lui et non affectué.

S'il s'agit d'une dette de la première espèce, l'associé peut-il invoquer, pour se refuser à la payer, que son compte spécial lui soit présenté, afin qu'il puisse savoir si en

____

(1) C. Paris, 28 déc. 1888. *J. S.* 1890. p. 372.

C. Grenoble, 14 nov. 1890. R. S. 1891, 266 et la note Lévi-Lion.

(2) C. Lyon, 11 juill. 1873. D. P. 74, 2, 209.

réalité il doit bien quelque chose à la société ou si, au contraire, sa part des bénéfices réalisés compense sa dette en tout ou en partie ? Cette prétention serait inacceptable. Sans doute, il péut paraître étonnant de faire payer à un associé ce qu'il aura plus tard le droit de recevoir au partage ; mais on oublie qu'on ne connaît pas encore le résultat de ce partage : les deux créances ne sont pas respectivement liquides. Supposons que la liquidation donne un excédent de passif, l'associé était bien réellement débiteur et il sera peut-être trop tard alors pour lui réclamer une somme qu'il ne se trouve plus en mesure de payer. Au surplus, on sait que le liquidateur ne peut faire aucune répartition avant l'extinction de tout le passif ; c'est ce qu'il ferait indi-rectement s'il ne réclamait pas le montant de la créance sociale à l'associé débiteur.

L'associé peut encore se trouver débiteur de la société en vertu même du pacte social. Si les fonds disponibles de la société ne suffisent pas à satisfaire le passif, le liquidateur pourra donc actionner les associés pour les obliger à verser dans la caisse sociale les mises par eux promises et non effectuées, et même les intérêts de retard dûs sur ces sommes du jour où il les leur a réclamées (art. 1846, Code civil). Cela n'est pas douteux. Mais c'est la question sur laquelle la jurisprudence a eu le plus souvent à décider, parce que de graves dissentiments divisent à ce sujet les liquidateurs et les associés, les premiers prétendant qu'ils peuvent

faire des appels de fonds sans avoir à justifier des
nécessités des besoins de cette opération (1), les seconds
prétendant qu'ils ne sont tenus de compléter leur apport
que si cela est indispensable pour l'extinction du
passif, qu'ils doivent connaître les dettes à éteindre,
qu'on doit donc leur soumettre préalablement l'état de
ces dettes et des recouvrements à opérer. A cette question, s'en lie intimement une autre, celle de savoir si le
liquidateur peut réclamer à certains actionnaires l'intégralité de leurs actions sans s'attaquer aux autres ou
si au contraire les versements doivent être effectués
par tous proportionnellement. Nous allons les étudier
successivement.

La jurisprudence la plus récente semble décider que
le liquidateur peut seul apprécier l'importance des versements, qu'il peut exiger de tous les actionnaires un
versement intégral et cela sans avoir à justifier du
montant des fonds nécessaires (2). Quelques arrêts
cependant font une distinction et donnent une solution
négative dans les cas où le liquidateur n'aurait pas été

(1) Sic. C. Lyon, 25 avril 1885. *J. S.* 1890, p. 370. C. Paris,
4 mai 1888. *J. S.* 1889, p. 64. Comm. Seine, 15 oct. 1897. *J. S,*
1898, p. 95. C. Paris, 6 févr. 1891. R. S. 1891, p. 219. Req.,
26 mai 1886. R. S. 1886, p. 449. C. Paris, 19 déc. 1894. D. P. 1896,
1, 1881. Note VALÉRY.

(2) Cependant les arrêts ont soin d'observer qu'en fait l'appel
de fonds est exigé par les besoins de la liquidation, ce qui peut
faire supposer que leur décision pourrait être contraire si l'associé récalcitrant prouvait le non fondé des demandes du liquidateur.

investi de pouvoirs généraux. Dans toutes les affaires venues devant les tribunaux il s'agissait de sociétés par actions. Nous parlerons donc plutôt d'actionnaires que d'associés ; mais la question ne change pas et doit se résoudre de la même façon pour les sociétés par intérêts.

Dans le sens de la jurisprudence, on dit que chaque actionnaire est débiteur envers la société de tout ce qu'il s'est engagé à y apporter et que cet engagement il doit le tenir du moment où on lui en réclame l'exécution. De plus, comme le dit un arrêt de la Cour supérieure du Luxembourg (1), le liquidateur étant le mandataire de la société considérée uti universitas, et non des actionnaires considérés uti singuli, ceux-ci sont sans qualité pour prescrire la marche à suivre dans l'accomplissement de ce mandat... « On comprendrait difficilement que l'actionnaire qui, avant la liquidation ne pouvait s'immiscer, pût le faire, une fois la liquidation prononcée et contrecarrer les actes du liquidateur. » Reproduisant le même argument Choppard (2) dit très expressément que « le liquidateur n'a de comptes à rendre qu'à l'expiration de son mandat. » Seul appréciateur des besoins de la liquidation, il peut sans justification réclamer le versement intégral et au moment

(1) 26 juin 1885., R. S., 85, p. 28.
(2) CHOPPARD. R. S. 1887, p. 40. Sic. LYON-CAEN et RENAULT. Traité, t. II, n° 738 et TERRASSE sous Paris, 19 déc. 1894. R. S. 1895, p. 164.

de sa reddition de comptes à la fin de la liquidation,
« sa responsabilité sera, le cas échéant, nettement
établie ». Chaque associé ne peut donc entraver l'action
des liquidateurs. Si, témoin de ses abus, il veut protester,
c'est à l'assemblée générale seulement qu'il pourra les
signaler et celle-ci pourra révoquer les liquidateurs
ou les déclarer responsables de leur mauvaise gestion (1).

En sens contraire se prononce cependant d'une façon
à peu près unanime la doctrine et la jurisprudence
belge (2). Cela ne peut paraître étonnant eu égard à
l'art. 116 de la loi de 1873 d'après lequel les liquidateurs
peuvent réclamer aux associés les sommes qui *paraissent nécessaires* pour le paiement des dettes et des frais
de liquidation (3).

Il nous semble aussi qu'on peut très facilement expliquer qu'il faut soumettre les réclamations des liquidateurs aux exigences formulées par les associés. Tout
associé, dit-on, est tenu d'effectuer sa mise sans condition (art. 1845), et il n'y a pas de raison pour qu'il en
soit autrement après la dissolution (4). Mais on répond

(1) C'est l'opinion généralement soutenue en Italie. Cass. Roma
18 févr. 98. Foro it, 1898, 10. Vidari, *op. cit.,* n° 1170. Vivante,
op, cit., n° 714, p. 141. *Contra* Ottolenghi, *op. cit.,* vol. II, p. 716.

(2) Trib. civ. Termonde, 14 avril 1888. J. S. 1890, p. 427. C.
Bruxelles, 5 juillet 1890. Pas. belge 91, II, 72. Sic. Guillery.
Soc. comm. III, n° 1173, p. 312.

(3) « En tenant compte, s'il y a lieu, des éventualités de non-
paiement », ajoutait le Projet de la Commission.

(4) Confr. LYON-CAEN et RENAULT, t. II, n° 384, p. 253.

très justement que les associés ne peuvent pas être assimilés à des débiteurs ordinaires. « De même que comme actionnaire il n'est créancier de la société que si après la liquidation, il reste quelque chose, de même il n'est débiteur que si le capital réalisé est insuffisant à éteindre le passif », dit M. Thaller (1) qui montre que le non-versé est à la fois « un gage d'aggrandissement et d'exploitation » et un gage de paiement du passif social. Après la dissolution ce non-versé ne peut plus servir qu'à cette seconde fonction. Si donc on le réclame pour éteindre le passif, il faut prouver que c'est bien exactement dans ce but.

Les associés raisonneront très justement lorsqu'ils diront : Nous avions promis nos apports pour soutenir la marche de l'entreprise sociale. La société dissoute, l'entreprise n'est plus : il n'y a plus lieu de faire des versements. Sans doute nous sommes tenus de payer les dettes, mais montrez nous tout au moins qu'elles existent.

En un mot on argumentera ainsi : La dette née de la souscription implique pour partie un terme variable qui sera fixé par l'assemblée générale. Après la dissolution, le liquidateur fixera ce terme, mais il n'a pas exactement les mêmes pouvoirs que l'assemblée générale :

____

(1) THALLER. *Rev. crit. de législat. et jurisprud.*, 1887, p. 227. Sic. LABBÉ sous arrêt, 21 juillet, 1879. S. 1880, 1, 5. PIC. sous Req., 26 mai 1886. *Annales.* 1886-87, II, 49. SRAFFA, *op. cit.*, n° 59. GOIRAND sous Paris, 9 mai 1884. R. S., 1884, 619, J.

on ne peut plus exiger des versements pour donner un nouvel essor aux affaires de la société. La seule cause d'exigibilité, c'est la nécessité d'acquitter les dettes ; il faut démontrer que cette nécessité existe.

Quant à l'argument qui consiste à dire que le liquidateur n'a pas à rendre des comptes à chaque associé individuellement, il n'a pas de valeur. Quand l'associé dit au liquidateur : Prouvez-moi que je vous dois, ce n'est pas comme mandant qu'il parle, c'est comme un débiteur qui réclame qu'il lui soit justifié que la condition qui suspendait son obligation s'est réalisée.

Nous ajouterons, et peut-être ne l'a-t-on pas assez remarqué, que les associés ont à tout moment le droit de demander aux liquidateurs la communication de tous documents et pièces intéressant la liquidation. Il serait curieux que ce droit leur fût refusé au moment où ils ont justement intérêt à en user ! Et si cette communication est obligatoire, comment le liquidateur pourrait-il soutenir la nécessité des versements, si les livres de la société prouvent que le passif a été soldé ou peut l'être grâce aux fonds encore disponibles?

On invoquerait à tort que la nécessité de la preuve à faire par le liquidateur amènerait des lenteurs préjudiciables et que pendant le temps ainsi perdu, l'associé poursuivi pourrait devenir insolvable ; cette preuve sera faite par la simple présentation d'un état succinct des comptes indiquant la balance de l'actif et du passif et, s'il y a lieu, des causes qui empêchent la réalisation immédiate de l'actif.

On assimile volontiers la situation du liquidateur à celle du syndic, et dans les deux cas, dit-on, le non versé peut être appelé sans justification préalable. On ne remarque pas que le syndic agit au nom des créanciers, et qu'en exigeant les versements, il ne peut encourir aucun reproche parce que l'état de faillite suffit à faire supposer que l'actif de la société tout entier, y compris les apports non versés, ne sera pas de trop pour faire face aux réclamations des tiers. Dans la liquidation, les versements exigés sans qu'on en ait examiné la nécessité pourront être inutiles, il faudra les restituer plus tard. N'y aurait-il pas un abus à les demander sans en prouver l'utilité ?

Le congrès international des sociétés par actions, tenu à Paris en 1889, eut à s'occuper de cette question (1). La section spéciale qui l'étudia tout d'abord avait fait la proposition suivante : « En cas de mise en liquidation de la société, les actionnaires sont obligés de compléter les versements sans qu'il soit justifié d'un passif à éteindre. »

Dans la discussion, M. Antoine Faure fit remarquer qu'il pouvait être dangereux de laisser entre les mains des liquidateurs des sommes excessivement considérables, alors que le passif à éteindre ne compte pas et

____

(1) Compte-rendu sténographique, p. 186 et suiv.

que, d'autre part, tous les liquidateurs ne présentent pas, comme les liquidateurs-administrateurs près le tribunal de commerce de la Seine, de sérieuses garanties de solvabilité, que la répartition à laquelle ils doivent procéder après ces appels exagérés double leur travail, qu'enfin, en pratique, les liquidateurs abusent quelquefois étrangement de leurs pouvoirs.

A l'appui de son dire, il cita l'exemple d'un liquidateur qui, pour solder un passif de 32.000 francs, avait exigé des actionnaires des versements dont le total atteignait près de deux millions.

Emu par ces arguments, le Congrès, sur la demande de M. Dereux qui proposait d'accepter une disposition à peu près semblable à celle de l'article 116 de la loi belge, vota une résolution contraire à celle que la section spéciale lui soumettait et qui fut ainsi rédigée ; « Le liquidateur peut exiger des associés le paiement des sommes qu'ils se sont engagés à verser dans la société *et qui paraissent nécessaires au paiement des dettes et aux frais de liquidation* ».

Au surplus, la nécessité des versements admise, il n'est pas nécessaire d'exiger des actionnaires la libération complète de leurs titres, mais seulement ce qui est utile au paiement du passif (1).

On dit : Quelle sera donc la situation du liquidateur si parmi les actionnaires il en est d'insolvables ou si de

____

(1) Contra Lyon, 25 avr. 1885. J. S. 90, p. 370.

mouvelles dettes de la société sont découvertes après qu'il a dressé ses comptes ? Il devra donc faire un nouvel appel de fonds (1). Evidemment, s'il n'y a pas d'autre moyen de terminer la liquidation. Mais il ne faut rien exagérer. Ces appels ne se succéderont pas indéfiniment. Il est même à supposer que le premier sera suffisant parce que le liquidateur n'a pas de raison de se tromper dans l'évaluation du passif social, que d'autre part, nous admettons parfaitement que l'appel de fonds peut être supérieur au chiffre contrôlé des dettes, parce qu'il faut en effet prévoir l'aléa de l'insolvabilité de certains actionnaires. Le difficile sera évidemment de calculer le nombre précis des actionnaires qui ne répondront pas à l'appel, car le porteur des actions peut être inconnu et dans tous les cas on peut ignorer s'il est solvable ou non. Est-il cependant impossible de déterminer le compte exact de la quote part qui incombera définitivement à chacun ; en conséquence, pour éviter des lenteurs et des frais faut-il demander à tous le versement intégral (2) ? Nous ne le croyons pas ; car tout au moins approximativement, le liquidateur qui est un homme d'expérience saura apprécier qu'elle est la somme qui peut couvrir le montant des insolvabilités probables (3).

(1) BAILLY sous Comm. Seine, 12 oct. 1888. *Annales.* 89. Jur. 57.
(2) BOISTEL sous Paris, 4 mai 1888. D. P., 89, 2, 1.
. (3) Comp. art. 202, C. Comm. italien. Le liquidateur ne peut demander que la différence entre les fonds disponibles et le passif exigible en tenant compte toute fois des insolvabilités proba-

Le liquidateur doit donc avant tout appel de fonds justifier des besoins de la liquidation et il ne peut réclamer que ce qui est utile à les satisfaire. Nous pensons cependant que la nécessité de sa demande résulterait non-seulement de l'obligation d'acquitter le passif, mais aussi du fait qu'une partie des actionnaires, ayant libéré ses titres, il y a lieu, et il n'y a pas d'autre moyen, de rétablir l'égalité entre tous (1).

Notre doctrine, certainement très favorable aux actionnaires, doit être acceptée dans son ensemble parce qu'en définitive, elle n'est pas de nature à nuire aux créanciers (2).

Ces quelques mots de M. Bozérian, rapporteur de la commission chargée de l'étude de la loi de 1893 (3), résumeront ces idées : « Certains tribunaux pensent que le syndic ou le liquidateur a le droit d'appeler l'intégralité des sommes promises et non versées par les actionnaires, d'autres (et c'est mon avis personnel) qu'on ne doit permettre les appels de fonds que dans les limites nécessaires pour satisfaire les créanciers. Mais il peut y avoir

bles. Il n'a pas le droit sauf nécessité d'exiger la libération des actions, ce qui évite aux associés un déplacement inutile de leurs capitaux: (Bing. Soc. an. ital., p. 417).

(1) Comm. Seine, 9 mars 1892. J. S. 1893, p. 346.

(2) La C. de Paris, par un arrêt du 9 mai 1884, permet au liquidateur d'exiger le versement intégral des actions, mais dans cette espèce le motif de sa décision est que l'assemblée générale avait donné au liquidateur mandat de « faire rentrer toutes les sommes représentatives de l'actif et d'opérer ensuite une répartition entre les actionnaires ».

(3) J. off. 26 nov. 1884, p. 1762.

en outre une ventilation à faire, un compte à établir
entre les actionnaires. Un associé a libéré son action
de 500 francs. Il a versé plus qu'il ne devait ; un versement peut être exigé des autres pour que la situation
soit égale entre tous les associés ».

Ainsi, le pouvoir accordé au liquidateur en cette
matière n'est pas discrétionnaire. Supposons que le
total des apports promis et non effectués soit de
500.000 francs. Le passif impayé est de 250.000. Après
l'avoir fait constater, le liquidateur ne pourrait réclamer
aux actionnaires que 250.000 francs, plus une somme à
déterminer pour couvrir les risques des insolvabilités
prévues, soit par exemple en tout 300.000 francs.

Reste à savoir si le liquidateur, ayant réellement
justifié des besoins allégués par lui, peut réclamer
à certains actionnaires, non plus à tous, le paiement
intégral de leurs mises sans inquiéter les autres, ou
bien l'appel de fonds doit-il être adressé à tous les
actionnaires qui ne seraient tenus de payer que leur
part proportionnelle des sommes réclamées.

Grâce aux explications que nous avons données, le
problème ainsi limité, peut être résolu assez facilement.

Ici encore cependant, la variété des espèces soumises
aux tribunaux a amené des jugements tout à fait différents. La Cour de Paris a d'une façon générale donné
au liquidateur les mêmes pouvoirs qu'aux syndics,
mais cette cour n'admet pas que le syndic demande un

versement intégral à un associé sans réclamer une libération aussi complète aux autres.

C'est en ce sens qu'on se prononce généralement. L'on
fait remarquer que les souscripteurs d'action ont contracté ensemble, qu'ils se doivent réciproquement leurs
mises, que l'égalité proportionnelle doit être en tous
temps la règle. Les actionnaires sont tous codébiteurs et
cautions d'un même créancier pour une somme égale. « Ils
se doivent, dit M. Thaller (1), réciproquement garantie
pour tout ce qui dépasserait leur part contributoire.
Réclamer plus à un souscripteur que ce qui doit finale-
ment lui incomber, doubler arbitrairement la participation passive de celui-ci parce qu'on s'abstient de rechercher celui-là, ce n'est pas avoir égard aux relations qui
unissent les intéressés et à ce que ces relations com-
mandent. » Ainsi, la raison qui empêche le liquidateur
de demander plus aux uns qu'aux autres, c'est qu'un
associé ne peut pas être obligé de faire une avance à
ses coassociés. Chaque action porte en soi égalité de
droits et de devoirs pour son titulaire. Le danger, si l'on
procédait autrement, serait que l'égalité ne puisse
jamais être établie si au moment de nouveaux appels de
fonds certains des actionnaires non touchés par le premier sont devenus insolvables.

Il faut se souvenir que les appels faits pendant la vie
active de la société doivent s'adresser à tous indistincte-

____

(1) THALLER, *loc. cit.* Sic. BOISTEL, *loc. cit.*

ment et proportionnellement à leurs promesses d'apport. Pourquoi la règle ne subsisterait-elle pas pendant la liquidation ? On dit qu'il suffit que l'égalité soit rétablie dans le compte final de liquidation. Ne vaut-il pas mieux encore que l'égalité ait existé de tout temps (1) ?

Le principe ne doit pas toutefois être poussé jusqu'à l'absurde. Le liquidateur ne peut être tenu d'exercer des poursuites contre les actionnaires insolvables si leur état de fortune est dûment constaté.

Quoiqu'il en soit, les liquidateurs, sous certaines conditions, ont toujours le droit de réclamer aux associés le montant de leurs apports (2). On ne discute que sur la nature des restrictions à apporter à ce droit, mais le principe ne peut pas être contesté. Au contraire, on n'est pas très fixé sur le point de savoir s'ils peuvent encore réclamer aux associés à responsabilité illimitée les sommes nécessaires au paiement du passif.

L'engagement des associés à responsabilité illimitée au-delà de leur mise n'est pas de même nature que la

____

(1) LABBÉ sous Cass. 20 oct. 1886. S. 87. 1, 49. Sic. PARIS, 7 août 1884. *J. des faillites*, 1884, p. 251 : « Le principe d'égalité fait la loi des parties entre les actionnaires ».

(2) Le liquidateur s'adressera naturellement aux porteurs actuels des titres non libérés, mais il aura aussi une action solidaire contre les souscripteurs et cessionnaires intermédiaires, tout au moins si l'on se trouve dans les deux ans qui ont suivi la cession du titre (art. 2 de la loi du 1er août 1892, modifiant l'art. 3 de la loi de 1867). Remarquons que les cessionnaires intermédiaires seront facilement connus puisque les actions doivent rester nominatives jusqu'à leur entière libération.

simple promesse d'apport. Les associés s'obligent d'abord envers la société jusqu'à concurrence d'une valeur déterminée ; pour le surplus, c'est envers les tiers qu'ils s'engagent. Leur promesse envers la société n'est donc qu'une promesse de cautionnement ; celle-ci ou son représentant ne peut pas exiger qu'ils aient à verser une somme quelconque dans la caisse sociale ; c'est aux créanciers à les poursuivre, s'il y a lieu (1).

Ce n'est pas ainsi, d'après nous, qu'il faut considérer le caractère de l'obligation de l'associé à responsabilité illimitée. Celui-ci doit être considéré comme ayant donné mandat à la société de l'obliger vis-à-vis des tiers et par là même il s'engage envers cette société à lui fournir les moyens d'exécuter les obligations contractés en exécutions de ce mandat.

On objecte que les associés en donnant ce mandat rendent ainsi service à la société et que par conséquent ils doivent bien payer à son défaut mais non lui donner les ressources nécessaires à son acquittement.

Sans doute nous croyons que l'engagement des associés est subsidiaire ; il n'auraient à payer que si la société se trouve à bout de ressources, mais cette condition réalisée, ils ne pourraient pas invoquer qu'ils ne sont obligés qu'envers les tiers et pas dans l'intérêt de leurs coassociés. Leur promesse était double quoique conditionnelle dans les deux cas.

(1) BOISTEL sous Req. 16 févr. 1874. D. P. 74, 1, 414. BOISTEL sous Req., 14 mai 1890. D. P. 1891, 1, 241.

La question serait toute résolue pour ceux qui admettraient que les associés ne sont engagés qu'envers la société et que les tiers n'ont contre eux que l'action indirecte de l'article 1166.

La jurisprudence, d'une façon unanime, décide que si en principe le liquidateur n'a pas, en cette qualité, le droit de réclamer des associés leur part contributoire dans les dettes sociales en dehors du versement de leur apport, ce pouvoir peut lui être valablement conféré par la volonté des associés (1). Mais un arrêt de la C. de Douai du 23 mars 1878 (2) admet que le mandat donné au liquidateur de vendre et de réaliser l'actif pour payer toutes les dettes implique la volonté de conférer au liquidateur le droit de réclamer des associés leur part contributoire des dettes sociales. N'est-ce pas à dire que dans tous les cas le liquidateur aura ce droit (3).

Nous hésiterons d'autant moins à le lui donner qu'il y aura avantage pour les associés à responsabilité illimitée à ce qu'il soit procédé ainsi. Supposons trois associés solidairement tenus des dettes sociales. Un créancier non payé des 900 francs qui lui sont dus s'adresse à l'un d'eux qui, tenu de solder ces 900 francs, devra ensuite réclamer 300 francs à chacun des deux autres associés. Si on laisse agir le liquidadeur l'opération est simplifiée; il demande 300 francs à chacun

(1) Cass. 16 févr. 1874. S. 74. 1, 216. *J. S.* 1888, p. 21. Cass., 14 mai 1890. S. 92, 1, 484.
(2) D. P. 79, 2, 109.
(3) Sic. LYON-CAEN et RENAULT, t. II, n° 383, p. 253. Comparez Relazione Finali. Lavori preparatori, I, 1, 164.

des associés dont aucun n'a à faire une avance de fonds, et paie lui-même le créancier.

Dans le même ordre d'idées il nous reste une dernière question à étudier, celle de savoir si le liquidateur peut actionner le commanditaire qui s'est immiscé dans la gestion de la société. Si le liquidateur peut réclamer aux associés responsables leur part contributoire des dettes il aura certainement intérêt à faire déclarer le commanditaire solidairement responsable des engagements sociaux. Seuls les tiers auraient ce droit et le liquidateur ne les représente pas. Mais les dispositions des art. 27 et 28 du Code de commerce, modifiés par la loi du 6 mai 1863, ne sont-elles pas édictées aussi bien dans l'intérêt de la société que des tiers? Si oui, on ne peut enlever au liquidateur le droit d'agir contre le commanditaire (1) pas plus qu'on ne l'empêche d'agir contre tous actionnaires en répétiton des paiements de dividendes fictifs faits en dehors de l'inventairé ou en dehors des résultats constatés par l'inventaire, si l'on se trouve encore dans les cinq ans qui ont suivi le jour fixé pour la distribution des dividendes (art. 10, loi du 24 juillet 1867).

Les associés ne pourraient se soustraire aux diverses actions intentées par le liquidateur, qu'en invoquant l'exception de dol, lorsque leur consentement a été surpris par des manœuvres déloyales et frauduleuses.

(1) Sic. PONT, n° 1969. C. Paris, 9 janv. 1836. S. 36, 2, 133. *Contra* C. Poitiers, 12 juil. 1875. *J. des Trib. de C.*, 26, 207. SRAFFA, n° 59.

La jurisprudence se fondant autrefois sur ce principe faux que le liquidateur agissait à la fois au nom des créanciers et des associés, leur refusait cette exception arguant que le moyen tiré du dol est seulement opposable à celui de qui la fraude provient (1). Cette conception a été plus récemment abandonnée par le Tribunal de commerce de la Seine (2).

L'associé poursuivi pourrait d'ailleurs parfaitement invoquer la compensation de la dette qui lui est réclamée avec une créance qu'il aurait sur la société pour une cause indépendante de sa qualité d'associé, et à la condition que les deux dettes soient liquides et exigibles. La raison en est bien simple. Rien n'empêche l'associé d'agir contre la société pendant la liquidation ; il importe donc peu que la société touche une somme, la dette de l'associé, pour la lui rendre immédiatement ou qu'elle ne la touche jamais (3).....

Le liquidateur qui peut seul exercer les actions de la société est aussi seul en droit d'y défendre.

(1) C. Paris, 28 avr. 1887. *Annales* 86, 87, Jur. 148. Dans une espèce jugée par la C. de Paris, 31 déc. 1884. R. S. 1885, p. 397. note Fayard, les actionnaires se refusaient à compléter leurs apports en invoquant la nullité de l'émission des actions. La Cour a rejeté ce moyen en déclarant que si l'annulation devait enlever au liquidateur l'action sociale, elle laisserait subsister le mandat judiciaire dont il est investi. Il semble qu'il y ait la une conception fausse du caractère du liquidateur.

(2) Comm. Seine 19 avril 1889. *J. S.* 1889, p. 81.

(3) Trib. 'suprême de l'Empire allemand, Vide Sraffa, n° 60. *Contra* C. Gand, 12 janv. 1889, Pas. belge, 89, 2, 282.

Aussi l'assignation donnée à une société est régulière, non seulement lorsqu'elle est faite à l'ancien siège social, mais encore à la personne ou au domicile du liquidateur (1). Pendant sa vie active la société n'aurait pu être citée valablement au domicile privé du gérant; peut-elle donc l'être après la dissolution au domicile privé du liquidateur? On l'admet généralement quoique on ne puisse croire que le siège d'une société en liquidation est au domicile de son liquidateur (2).

C'est en la personne du liquidateur qu'on devrait interjeter appel contre une société en liquidation quoique la sommation ait été faite depuis le jugement de première instance, parce que ce sont les mandataires de la société en fonctions au moment ou intervient l'acte juridique dirigé contre elle qui la représentent à ce moment aux lieu et place de ses précédents mandataires. C'est pour cela que paraît inexplicable cette décision de la Cour de Cassation du 12 mai 1852 (3) qui affirme que la nomination du liquidateur « n'a pas pour effet d'enlever au gérant sa qualité de propriétaire de valeurs mobilières et immobilières de la société; qu'en conséquence c'est contre lui, et non contre le liquidateur que doit être dirigée la poursuite en expropriation d'un immeuble appartenant à la société ». Le patrimoine de la société ne peut être confondu avec celui du gérant, à

(1) GARSONNET. Traité de procédure, t. II, p. 175.
(2) *Contra* Trib. Bruxelles, 8 juin 1878. *Belg. jud.* 1878, p. 990.
(3) D. P. 1852, 1, 273.

plus forte raison quand il a cessé ses fonctions. Après la dissolution le liquidateur, seul représentant de la société, a seul qualité pour défendre aux poursuites exercées contre elle. Il ne faudrait pas objecter que le liquidateur ne peut aliéner même indirectement les immeubles de la société. Ce n'est pas notre opinion, et du reste ce n'est pas une question de propriété mais une question d'exécution forcée ; il n'aliène pas : il défend au contraire à une procédure de saisie immobilière.

Il faut reconnaître cependant que les tiers, devant toujours trouver quelqu'un à qui s'adresser, on pourrait exercer contre les gérants les actions que l'on a contre la société même après la dissolution si aucun liquidateur n'a été encore nommé.

Quant aux tiers, sont-ils tenus de diriger leurs actions contre le liquidateur avant de poursuivre individuellement les associés ? La question n'est pas de savoir si l'action des créanciers contre les associés est directe ou non, mais seulement si cette action directe est principale ou seulement subsidiaire. Pendant la vie de la société les créanciers ne pouvaient poursuivre les associés que si la société ne les satisfesait pas elle-même. C'est qu'en effet les associés ne se sont engagés à payer les créanciers que si la société ne peut le faire elle-même. Pour que cette condition soit réalisée, il faut non–seulement que la société ait été mise en demeure, mais encore qu'une condamnation ait été obtenue contre elle, que l'actif social soit complètement épuisé (1).

On invoque l'art. 22 du Code de commerce, qui dit les associés solidaires. Solidaires sans doute, mais entre eux, pas avec la société. Celle-ci est seule la principale obligée, mais les associés ne sont pas des cautions solitaires auxquels serait même refusé le bénéfice de discussion ; ils se sont simplement engagés envers la société et par son intermédiaire envers les créanciers à payer, non pas si elle ne le fait pas, mais si elle ne le peut pas.

Pour que l'associé puisse être poursuivi individuellement, il faut d'autre part que la dette sociale ait été reconnue existante. Comment l'associé saura-t-il si la société est réellement obligée ? C'est seulement quand le créancier, ayant obtenu condamnation contre elle, aura prouvé par là que l'associé est aussi son débiteur, qu'il pourra s'adresser à lui.

Si ces principes sont exacts, il n'y a pas de raison pour qu'ils ne s'appliquent pas après la dissolution puisque la société est toujours considérée comme existante. Tant que la société est in bonis, on dit que les droits des créanciers contre les associés sont suspendus, qu'ils n'auront pas d'utilité à les exercer puisque le

_____

(1) « Un associé en nom ne peut être poursuivi individuellement par un créancier social que quand la société a été condamnée dans la personne de son gérant ou liquidateur ». Cass. 14 août 1858. C. Comm. RIVIÈRE, sous art. 24.

gérant est en état de faire face à tous les engagements.
En quoi la situation change-t-elle pendant la liquidation? Quelle intérêt auraient les créanciers à poursuivre
les associés tant que le liquidateur a des fonds disponibles? Pour que cet intérêt apparaisse, il faut justement commencer par discuter la société. Nous en
concluons que c'est au liquidateur que les tiers devront
s'adresser en premier lieu (1).

Quant aux parts d'actions non versées par les associés, les créanciers ne pourraient même pas les leur
réclamer directement après la discussion de la société;
il auraient simplement à exercer les droits de la société
elle-même par l'action indirecte de l'art. 1166. Ils
pourraient au contraire, nous l'avons vu, intenter une
action directe contre les actionnaires pour leur réclamer
les parts de l'actif par eux touchées avant l'extinction
du passif. A tort ceux-ci invoqueraient-ils qu'ils sont
de bonne foi, qu'à leur cas doit s'étendre la disposition
de l'article 10 de la loi de 1867, sur la perception de
dévidendes fictifs. Cette règle déroge un droit commun
et ne peut être étendue dans le silence de la loi. Les
actionnaires tenus de verser ce qu'ils ont reçu devraient

(1) Sic. PONT : «La discussion préalable de la société est nécessaire. » Confr. SRAFFA. « Si les créanciers d'une société en nom col.
lectif doivent discuter la société avant de faire valoir leurs propres raisons contre les associés ». Il diritto commerciale, 1889,
181, 204. Pour MM. LYON-CAEN et RENAULT. Précis, I, n° 337, il
suffirait que les créanciers aient réclamé leur paiement au domi.
cile social pour pouvoir poursuivre les associés individuellement.

même être condamnés à restituer par parts égales la somme totale payée, s'ils refusaient de faire connaître ce que chacun a touché à la répartition.

SECTION QUATRIÈME

DE LA RÉPRÉSENTATION DE LA SOCIÉTÉ
EN CAS DE FAILLITE.

Nous venons de voir quelle sera le rôle du liquidateur et quels sont ses pouvoirs en le considérant toujours sous son aspect unique de représentant de la société. Cette étude serait incomplète, si nous ne disions quelques mots de la mission spéciale qui lui incombera dans le cas malheureusement très fréquent où la société en liquidation sera déclarée en faillite ou en liquidation judiciaire.

Nous avons déjà vu en effet que rien ne s'oppose à ce que la société en liquidation soit déclarée en faillite, et il n'est rien d'étonnant à ce que les créanciers la demandent, car seule elle peut suspendre le droit de poursuite individuelle, rendre exigibles les créances à terme, amener la révocation des actes passés pendant la période suspecte. Cette déclaration de faillite, tout en modifiant très gravement le mandat du liquidateur, le laisse subsister néanmoins parce que la société ne peut vivre que par un représentant, et qu'ayant certains droits à exercer contradictoirement aux créanciers, il est impossible que dans ces circonstances, le syndic défende à la fois les intérêts de l'une et des autres.

Telle n'était pas cependant l'opinion de la Cour de cassation qui, consultée sur le projet de loi sur les faillites lequel devait aboutir à la loi de 1889, demandait par l'organe de son rapporteur, le président Larombière (1), à ce qu'il fut ajouté à l'article 462 du Code de commerce la disposition suivante : « Au cas où une société est déclarée en faillite, il ne sera nommé aucun liquidateur concurremment avec le syndic. Si un liquidateur a été nommé antérieurement, ses fonctions cesseront de plein droit, et il rendra compte de son administration au syndic ».

M. Larombière ajoutait en ce sens que le mandat du syndic suffit à tout, que le concours des deux mandataires ne pouvait être qu'une source de conflits.

Il est incompréhensible que pareille erreur ait été si clairement manifestée par notre Cour suprême. En cas de faillite de la société avant sa dissolution le mandat des gérants ou des administrateurs se serait continué pour garantir les intérêts des associés, de même il est indispensable que la société ait un représentant après sa dissolution pour exercer les droits qu'a le failli, si l'on ne veut pas que l'extinction de la société soit une mort complète.

Il ne faut pas dire qu'il suffit que « les associés lésés

(1) Voyez *J. des faillites,* 1885, p. 381 et *Revue pratique,* LV, p. 342.

puissent intervenir à leurs risques et périls, ce qui est le sort commun de tout plaideur » (1), car les associés ne sont pas ici en cause, mais la société.

Aussi l'article 4 de la loi de 1889 suppose la coexistance du liquidateur social et du liquidateur judiciaire et ici la chose devait paraître encore plus normale puisque c'est la société qui se liquide sous le simple contrôle et assistance du liquidateur judiciaire.

Cependant ce n'est pas sans tiraillement qu'on est arrivé à la rédaction, du reste assez embarassée, de cet article 4. M. Laroze, rapporteur de la loi, écrivait (2) : « Un abus fâcheux s'est glissé dans la pratique. Lorsqu'une société déjà en liquidation vient à cesser ses paiements, on laisse subsister les fonctions de son liquidateur, concurremment avec celles du syndic ; il s'établit ainsi une dualité de fonctions absolument illégale, dangereuse pour les créanciers, très onéreuse pour tous et qui ne profite qu'aux agents salariés de cette double liquidation. Que ce mode de procéder soit illégal, on n'en saurait douter. En effet la société prend fin par la faillite (art. 1865, C. civ.) ; si elle a conservé depuis sa dissolution et pour sa liquidation seulement une existence, les pouvoirs de son liquidateur sont absolument bornés et se résument en deux mots : réaliser l'actif et payer le passif de la société. Ces pouvoirs qu'il tient soit des conventions sociales, soit de la jutice,

____

(1) Rapport Larombière.
(2) Rapport à la Chambre des députés, 26 janv. 1889.

doivent disparaître si la société cesse ses payements ; car alors, la loi impose à tous un mode de liquidation particulier, et qui modifie profondément la capacité des associés. A ce moment, elle crée des mandataires nouveaux dont elle détermine avec soin les pouvoirs, dans un intérêt d'ordre public ; elle place la liquidation sous l'œil des magistrats et le fait de la faillite modifie immédiatement les droits des créanciers eux-mêmes en sorte que la réalisation de l'actif et le paiement du passif doivent se faire d'après des règles nouvelles. Comment pourrait-on admettre deux procédés et deux agents pour arriver à la répartition ».

Cette argumentation n'était pas bonne, car il n'est pas question de donner aux deux agents le même rôle ; c'est évidemment le syndic qui seul est chargé de la répartition, mais il ne peut pas soutenir la personnalité juridique de la société subsistante ; pour cela il faut un représentant distinct, le liquidateur. C'est en vain que M. Laroze, dans son deuxième rapport, faisait observer que si le débiteur pouvait accomplir certains actes, ce droit ne pouvait être délégué à personne. Il n'y a pas une véritable délégation de droits, c'est bien la société elle-même qui agit, mais évidemment par l'entremise d'une personne physique comme pour tous les droits qui lui appartiennent.

La Chambre des députés ne vit pas ces objections et l'article 4 voté par elle était ainsi rédigé : « Dans le cas où une société est déclarée en état de liquidation judiciaire, s'il a été nommé antérieurement un liquidateur, les fonctions de celui-ci cessent immédiatement. Il rend compte de sa gestion au liquidateur provisoire à la première réunion des créanciers. Toutefois il peut être nommé liquidateur provisoire. »

Mais la commission du Sénat (1) n'accepta pas cette rédaction. M. Demole fit avec juste raison remarquer que le liquidateur amiable qu'on voulait condamner à disparaître n'était autre chose qu'un mandataire, et que l'obtention par le mandant de la liquidation judiciaire ne pouvait être considérée comme l'empêchant de se faire représenter par son mandataire. « Et maintenant est-il exact de dire que la disparition de la liquidation amiable laisse la société en mesure de concourir par ses organes primitifs à l'accomplissement des actes de la liquidation judiciaire ? N'est-il pas sensible au contraire que lorsqu'une société se met ou est mise en liquidation, cette mise en liquidation s'accompagne presque toujours de sa dissolution et que par suite les organes de cette société, directeurs et administrateurs ou autres, sont complètement démunis du droit d'agir en leurs anciennes qualités. » Et il conclut qu'il faut donc que le liquidateur amiable conserve son mandat pour assurer à la liquidation le concours des deux volontés qu'elle admet comme principe.

La Chambre des députés, touchée par ces considéra-

____

(1) Rapport du 21 févr. 1889.

tions revint sur son premier vote et accepta, le 2 mars 1889, le texte définitif. « Dans le cas où une société est déclarée en état de liquidation judiciaire, s'il a été nommé antérieurement un liquidateur, celui-ci représentera la société dans les opérations de la liquidation judiciaire. Il rendra compte de sa gestion à la première réunion des créanciers. Toutefois il pourra être nommé liquidateur provisoire ». Cette dernière phrase a été reproduite textuellement du projet primitif. Il aurait mieux valu dire : il pourra du reste être…. Il faut ajouter que dans ce cas les associés auraient à nommer une autre personne pour le remplacer comme représentant de la société (1).

Sous l'influence de la loi de 1889, la jurisprudence qui ne pouvait avoir aucune hésitation quant il s'agit de liquidation judiciaire, ne fait plus davantage de difficultés à admettre la coexistence du liquidateur social et du syndic (2), ce que d'ailleurs elle avait toujours admis, quoique le rapport de la commission de la Cour de Cassation puisse faire supposer le contraire.

Certains auteurs cependant, tout en acceptant que la société doit en effet être représentée pour l'exercice de tous les droits qui appartiennent personnellement au failli, soutiennent que c'est un liquidateur *ad hoc* qui doit être nommé dans ce but parce que l'ancien liquidateur a vu cesser ses fonctions par le seul fait de la déclaration de

(1) Tel est l'usage au Trib. de Comm. de la Seine.
(2) Cass. 10 avril 1889. R. S. 89, p. 386. Comm. Seine, 17 mars 91. R. S. 91, p. 447. Req. 4 févr. 96. D. P. 1897. 1, 217. Voyez la note.

faillite ; la faillite du mandant suffit en effet à mettre fin au mandat (art. 2003 Code Civil). MM. Lyon-Caen et Renault admettent donc que la faillite amène changement du représentant de la société, liquidateur ou administrateur. Ils condamnent cette opinion dans un plus récent ouvrage en ce qui concerne le liquidateur (1).

Nous ne voyons pas trop la différence qu'il peut y avoir entre le cas où la société entre en faillite *in bonis* et le cas où elle y entre étant déjà en liquidation. Les principes juridiques qui devraient guider le jurisconsulte semblent les mêmes dans les deux cas. Probablement les savants auteurs se sont laissé influencer par cette considération que les associés ne peuvent pas avoir confiance pendant la faillite dans les représentants de la société, si ceux-ci sont les anciens administrateurs dont l'incurie a été peut-être la première cause de la faillite, alors qu'ils n'ont en principe aucune raison de se plaindre de la gestion du liquidateur ; qu'il ne faut donc pas, puisque cela est sans intérêt, embrouiller les opérations par une nomination nouvelle.

Ceci est raisonnable et tel est le langage des arrêts : « La déclaration de faillite ne *met pas fin* aux pouvoirs du liquidateur amiable » (2), et la société conserve sa représentation et son organisme, tels qu'ils existent au

---

(1) *Traité*, t. VIII, n° 1192, contrairement à l'opinion émise dans *Précis*, II, n° 3114.

(2) Comm. Seine, 23 août 1896. *J. S.* 1897, p. 186.

-moment du jugement qui a prononcé l'ouverture de la faillite ou de la liquidation judiciaire.

Dans les législations où la liquidation est organisée aussi bien dans l'intérêt des droits des créanciers que des associés, où le liquidateur, organe de la société, est aussi le représentant de la masse des créanciers, il ne pourrait au contraire jamais y avoir coexistence de deux agents différents. En Angleterre, par exemple, il peut y avoir ou liquidation amiable ou liquidation forcée sous le contrôle de la Cour (ce qui correspond à notre régime de la faillite) mais on ne comprendrait pas que les deux liquidations se produisent à la fois, le liquidateur ayant dans les deux cas le même rôle et les mêmes pouvoirs.

Si nous admettons chez nous le concours de deux agents, il nous reste à étudier leurs fonctions respectives ou tout au moins, car nous n'avons pas à nous occuper du syndic, nous demander qu'elles seront les attributions du liquidateur. Pour cela il nous suffit de répéter qu'il doit représenter la société dans toutes les opérations que le failli a le droit de faire et où il a le droit d'intervenir.

Est-il tenu cependant de faire déclarer la faillite de la société dès l'instant de la cessation de paiements, obligation qui pèse sur tout commerçant, qui pèse aussi sur les gérants ou administrateurs de toute société non dissoute ? Ce serait pour eux une simple faculté, mais jamais une obligation (1). Cette réponse est beaucoup trop absolue. Quoique le seul fait de la cessation de paiements suffise pour la déclaration de faillite, ils auraient évidemment tort de la demander si en définitive, ils savent qu'une fois l'actif réalisé, la société sera en mesure de payer toutes ses dettes, et si d'autre part les créanciers confiants en la bonne administration du liquidateur, attendent patiemment le paiement par eux réclamé. Si au contraire l'inventaire démontre que véritablement la société est bien au-dessous de ses affaires, et que le passif surpasse de beaucoup l'actif, il doit considérer comme obligatoire pour lui de se refuser au paiement des créanciers qui se présentent et de demander au tribunal la déclaration de fallite (2). En pratique les administrateurs de sociétés près les tribunaux de commerce refusent dans ce cas de continuer leur mission, sauf aux créanciers après entente commune à les charger de liquider au mieux de leurs intérêts, mais alors, nous l'avons vu, cette liquidation a un caractère tout spécial.

La faillite déclarée, la société se trouve dessaisie de ses biens, mais il lui reste certains droits. Le liquidateur pourra donc assister à la confection de l'inventaire (art 479 Code comm.), donner son avis au juge-commissaire sur les notifications à faire aux propriétaires des immeubles affectés au commerce de la société

(1) Pic. *Traité de la faillite des sociétés*, p. 65.
Divivier. *De la faillite des sociétés*, p. 78, note 3.
(2) Sic. Sraffa, n° 83.

(art. 450), sur la vente des effets mobiliers ou marchandises (art. 486), assister à la vérification des créances (art. 494), adresser des réclamations au juge-commissaire sur les opérations des syndics (art 467). Réciproquement il devra se rendre à l'invitation des syndics pour clore et arrêter les livres de la société (art. 475), déposer au greffe du tribunal de commerce le bilan de la société (art. 476), enfin aider dans leur gestion les syndics, d'après les conditions fixées par le juge-commissaire (art. 488).

En pratique, d'après Pic (1), le liquidateur apparaît comme l'auxiliaire du syndic qui peut avoir en lui toute la confiance qu'il n'a pas en le failli et qui peut se faire aider très efficacement par lui grâce à ses connaissances et à son expérience. C'est ainsi notamment que le syndic chargera presque toujours le liquidateur du recouvrement du non-versé sur les actions, après avoir fixé lui-même le chiffre des versements à effectuer.

Sur un seul point, cependant, il est douteux que les liquidateur ait les mêmes droits que les administrateurs dans la faillite d'une société non-dissoute ; nous voulons parler de la négociation d'un concordat au nom de la société. Ce n'est pas que le concordat, supposant l'accord de deux volontés, cet accord soit impossible parce que la société n'existe plus ; le liquidateur est là pour

____

(1) PIC. Les concours dans une faillite de société d'un liquidateur et d'un syndic. *Annales de Droit Comm.,* 1886-87, 1ʳᵉ partie, p. 129 et suiv.

donner ce consentement comme représentant de la société toujours existante. Mais, ce qui est vrai, c'est qu'un concordat ne se comprendrait pas puisque son objet est de rétablir le failli à la tête de ses affaires ; or la société a définitivement renoncé à l'exercice de son entreprise ou de son commerce. Seul un concordat par abandon d'actif peut avoir son utilité, tout au moins dans les sociétés en nom collectif ou en commandite dissoutes, car il permettra aux associés de se libérer ainsi pour l'avenir de toutes les obligations du chef de la société. Il n'offrirait aucun avantage dans les sociétés anonymes pour les actionnaires qui, obligés dans tous les cas au versement de leur apport, si c'est nécessaire, ne sont jamais tenus au delà de ces mises (1).

Même dans le cas de concordat par abandon d'actif, on a pu se demander si le liquidateur a qualité pour engager la société de sa propre autorité, et si ce n'est pas à l'assemblée générale à nommer des mandataires spéciaux pour s'accorder avec les créanciers. Le liquidateur a été nommé pour liquider l'actif social, non pour obtenir une remise partielle des dettes sociales (2). L'objection a de la valeur ; elle ne peut toucher cependant ceux qui pensent que dans toute faillite de société, il faut nommer un liquidateur *ad hoc* chargé spéciale-

____

(1) Confr. Pic. *loc. cit.*, et Robert. Liquidation judiciaire des sociétés, p. 199.

(2) Thaller. Examen doctrinal. *Rev. crit.*, 1885, p. 296 et suiv. sur Arrêt. Lyon, 18 mars 1884. *J. des faillites*, 1884, p. 195.

ment de représenter la société pendant la faillite et par conséquent dans toutes les opérations qu'elle peut amener.

Si la société a obtenu la liquidation judiciaire, les pouvoirs du liquidateur social se trouvent beaucoup plus étendus. Il n'est plus comme dans la faillite simplement chargé de veiller à l'observation fidèle des droits de la société. C'est lui qui a le rôle prépondérant et le rôle actif. Ses pouvoirs ne différeront guère de ceux qui lui étaient dévolus avant la déclaration de cessation de paiement sous cette seule restriction qu'il n'agira qu'avec l'assistance du liquidateur judiciaire. Sous ce contrôle il pourra faire tous les actes conservatoires, procéder au recouvrement des créances, vendre les meubles sujets à dépérissement ou dispendieux à conserver, intenter toutes les actions sociales mobilières ou immobilières. Avec l'autorisation du juge-commissaire, il pourra continuer l'exploitation de l'entreprise sociale et même le transiger. S'il y a contestation entre le liquidateur social et le liquidateur judiciaire, le premier ne pourra sans doute agir seul, mais il pourra provoquer le remplacement du second. Quand au liquidateur judiciaire, si le liquidateur social s'abstient, il ne pourra procéder aux actes de la liquidation qu'après l'avoir mis en cause et avoir obtenu l'autorisation du juge-commissaire.

Mais si la société en liquidation judiciaire n'est pas dessaisie, si le liquidateur social continue en principe à administrer son patrimoine, il n'en reste pas moins soumis aux règles de cette liquidation judiciaire quant à l'extinction du passif. Toutes les créances sont devenues exigibles et les fonds sociaux sont répartis entre les créanciers proportionnellement à leurs droits. Au surplus si par hasard la liquidation laissait un excédant d'actif, c'est le liquidateur social qui le partagerait entre les associés.

Tels sont les cas où le liquidateur aura à intervenir en vertu de son caractère de réprésentant de la société. Nous avons vu ce qu'il était, ce qu'il devait et pouvait faire. Reste à nous demander ce qu'il ne peut pas faire à moins que les circonstances qui accompagnent sa nomination ne viennent modifier la nature de son mandat.

CHAPITRE IV

SECTION PREMIÈRE

LE RÉGIME DE LA LIQUIDATION NE PEUT PAS ÊTRE ASSIMILÉ AU RÉGIME DE LA FAILLITE, NI LE LIQUIDATEUR A UN SYNDIC

Le liquidateur, organe de la société, nommé par elle dans le but de régler les rapports de droit établis par le fonctionnement de l'entreprise sociale, serait-il aussi le mandataire des créanciers ayant pour mission de faire valoir leurs droits sur l'actif social et de régler les rapports qui existent entre eux ? Une idée aussi anti-juridique n'aurait jamais dû être émise ni être discutée si l'on avait vu clair dans la situation du liquidateur qui, étant la société elle-même, ne peut-être également le mandataire des créanciers. On ne peut affirmer en effet qu'un débiteur soit jamais le représentant de son créancier. Ces deux conditions impliquent

13 B

des intérêts tout à fait différents, et même contraires à
défendre et il est impossible de résoudre en un mandat
tous les liens d'obligation qui unissent deux personnes.

Nous ne nions pas que les créanciers puissent voir
avec crainte décider la dissolution, et c'est pour cela
que nous reconnaissons qu'ils peuvent réclamer et doivent obtenir la liquidation. Mais si le liquidateur en
fonctions a le devoir de veiller avec le plus grand soin
à la garantie de leurs droits, il ne devient pas pour
cela leur mandataire parce qu'ils n'ont pas concouru à
sa nomination, parce que le liquidateur reste sous la
tutelle constante des associés qui peuvent le révoquer ad nutum, s'ils ont à se plaindre de sa gestion.

La liquidation n'a pas pour but fondamental le paiement des créances sociales. C'est peut-être là la principale des opérations du liquidateur, mais ce n'est pas la
seule ; ce n'est, dans tous les cas, qu'une de celles qui
préparent le but véritable de la liquidation, à savoir le
partage. Si donc on conçoit que le représentant social
soit astreint à payer les créances sociales en suivant
équitablement les règles des contrats qui lient la
société avec les tiers, et si ce devoir lui incombe d'autant plus rigoureusement que la société n'a plus à
compter que sur des ressources présentes, il ne faut
pas voir là le résultat d'un mandat donné par les créanciers, car le liquidateur agit bien moins dans leur intérêt que dans celui de la société qui, comme tout débi-

teur, a pour devoir, et doit y trouver avantage, de satisfaire régulièrement en toute équité et toute justice, les obligations qui lui incombent.

La jurisprudence, qu'on a accusé de méconnaître ces principes, a cependant rarement affirmé que les liquidateurs fussent les représentants de la masse créancière. Les arrêts disent tout au contraire que les liquidateurs, organes de la société, peuvent devenir les représentants des créanciers considérés, non plus uti universi, mais uti singuli, et seulement dans deux cas spéciaux, quand ils ont été nommés par justice avec les pouvoirs les plus étendus pour la réalisation et la répartition de l'actif(1) ou quand les créanciers ont participé à leur choix ou ont approuvé le choix fait par les associés.

Pour ce deuxième cas la chose peut paraître acceptable à la condition de tirer toutes les conséquences logiques du principe que le liquidateur ne représente les créanciers que considérés individuellement. Pour le premier cas, nous repoussons la théorie jurisprudentielle ; si étendus que soient les pouvoirs confiés aux liquidateurs, cela ne suffit pas pour qu'on en induise que leur caractère juridique s'est modifié, car ces pouvoirs, ils les tiennent toujours de la société et non des créanciers.

L'utilité de cette conception anormale n'est pas dou-

(1) C. Lyon, 15 juillet 1873. D. 1874, 2, 209.

teuse ; nous verrons plus tard comment on s'en est habilement servi et quelles conséquences on en a tiré.
Ce qui pousse à la produire, c'est ce désir d'éviter la
faillite aux liquidations mauvaises, de garantir les
droits des créanciers sans amener de déchéances pour
les associés, plus encore peut-être depuis la loi de 1889
sur la liquidation judiciaire, de simplifier les frais et
les lenteurs de la procédure. Peu à peu, en se fondant,
sans la discuter, sur cette idée que le liquidateur représente les créanciers, ou tout au moins qu'il peut les
représenter, en déterminant à l'avance les circonstances qui en feront tacitement leur mandataire, on a créé
ce régime dont nous parlions au début de cette étude,
qui, accroissant les pouvoirs du liquidateur jusqu'à en
faire un syndic, lui permet de régler comme cet agent
la répartition des sommes de la caisse sociale entre
créanciers proportionnellement à leurs droits. Et puisque le liquidateur avait ces pouvoirs étendus, c'est donc
que les poursuites individuelles des créanciers étaient
arrêtées, c'est donc que toutes les créances devenaient
exigibles, c'est en un mot, que les principaux effets de
la faillite devaient se produire en cas de liquidation.

Que l'analogie entre la liquidation et la faillite ne
doive pas être poussée jusqu'a donner un aspect identique à ces deux régimes cela est trop certain pour que
nous ayons à y insister. La faillite s'ouvre par un jugement qui déclare la cessation de paiements, et c'est ce

jugement seul et non la cessation de paiements en elle-même qui produit les effets que l'on voudrait donner à la liquidation. Si la société est dessaisie de son patrimoine dans l'intérêt des créanciers, si les syndics cumulent ces fonctions contradictoires de représentant de la société et de la masse créancière, c'est une disposition de la loi qui l'établit et cette disposition n'existe pas pour la liquidation.

La masse créancière, cette collectivité, qui n'est cependant pas une personne morale, qui n'a pas cependant une existence bien définie (1), a tout au moins le bénéfice d'une représentation en justice et ce droit elle ne peut le tirer que de la loi.

Si maintenant, on se demande s'il ne peut pas être permis aux créanciers de donner aux liquidateurs la mission de régler leurs rapports, il faut répondre affirmativement, mais à la condition que l'entente commune entre les créanciers existe réellement et qu'on ne l'induise pas de leur seul silence.

Posant donc en principe d'une façon absolue, que le liquidateur ne représente pas la masse des créanciers, nous avons à étudier ses rapports avec eux d'une façon générale dans les bonnes liquidations, sauf à voir ensuite les tempéraments qu'on doit y apporter, lorsque dans les mauvaises liquidations, les créanciers à l'unanimité imposent leur volonté au liquidateur et nous nous de-

(1) THALLER. Créanciers de la masse et créanciers de la faillite. *Revue critique*, vol. X, p. 630 et suiv.

manderons si celui-ci est tenu d'agir dans le sens indiqué par eux, enfin, écartant toute idée de représentation même individuelle, nous verrons si les créanciers
qui, en principe, si l'actif est suffisant à éteindre le passif, n'ont pas intérêt à intervenir; ne pourraient pas,
si leurs droits sont menacés, réclamer du liquidateur
un règlement proportionnel en mettant en jeu d'autres
principes juridiques.

. L'article 131 de la loi anglaise de 1862 dit expressément
que le liquidateur nommé devient le représentant des
créanciers et des actionnaires, chargé de veiller au res-
pect des intérêts des uns et des autres. Si cela semblait
utile, on pourrait même nommer plusieurs liquidateurs,
les uns représentant les actionnaires, les autres agissant au nom des créanciers (1). Dans la législation
anglaise, la liquidation proprement dite ne diffère en effet
de la liquidation après cessation de paiements que par
des règles de forme. Dans la loi japonaise, (2) l'assemblée générale ou sur la demande des créanciers, la cour
peut même adjoindre aux liquidateurs un ou plusieurs
des créanciers pour protéger leurs intérêts; il est vrai
que la loi ne contient aucune disposition sur le degré
d'autorité de ces créanciers adjoints.

; En Allemagne et en Italie, pas plus qu'en France, on
n'a pas cru nécessaire, de donner des garanties spéciales aux créanciers, qui ne sont jamais fondés à s'im-

(1) GIRAUDET et MELIOT, *op. cit.*, p. 196.
(2) Japonese commercial law. Dr. L. LOENHOLM, p. 64.

miscer dans la liquidation qu'après avoir obtenu un jugement de faillite.

Quoiqu'ils l'aient soutenu quelquefois, les porteurs d'obligations ne peuvent davantage obliger le liquidateur à obtenir leur adhésion aux résolutions prises où à prendre, et le tribunal de commerce de la Seine (1) a refusé de leur accorder des dommages et intérêts parce qu'ils n'avaient pas été représentés aux opérations de liquidation.

Le liquidateur n'a donc pas à faire valoir les droits de la masse créancière, il n'a pas à intenter les actions qui lui appartiennent contre la société ; c'est au contraire à lui à y défendre ; mais il ne peut pas davantage soutenir en son nom les actions en responsabilité contre les anciens administrateurs ou contre les membres du conseil de surveillance (2), ou les actions contre les anciens associés considérés individuellement.

Ainsi, il ne lui appartient pas de demander la nullité de la société, ni, cette nullité obtenue, d'intenter contre les fondateurs et administrateurs, l'action solidaire que donne aux tiers l'article 42 de la loi du 24 juillet 1867, pour infractions aux dispositions des articles 22, 23, 24 et 25 de la même loi (3). Il faudrait cependant leur reconnaître dans ce cas une action en responsabilité du chef de la société, s'ils démontrent que la nullité a causé un préjudice à la société.

(1) Trib. comm. Seine, 16 sept. 92. *Revue des soc.*, 92, p. 320.
(2) *Contra* Lyon, 11 juillet 1873. S. 74. 2, 209.
(3) C. Paris, 13 janv. 1888. *Annales* 1888. Jur. 225.

Le liquidateur ne peut pas non plus au nom des créanciers poursuivre contre l'un des associés la restitution à la caisse sociale de sommes que celui-ci en aurait retiré indûment avec le consentement de tous les autres associés (1).

Enfin, il aurait encore moins qualité pour défendre à une action de l'un des créanciers de la société qui réclamerait un privilège à l'encontre d'autres créanciers.

Etant uniquement le représentant de la société en liquidation, le liquidateur n'a pas d'injonction à recevoir des créanciers. Ceux-ci, qui ne peuvent pas provoquer sa révocation, ne sont pas recevables à critiquer ses opérations, pas même à obtenir de lui la communication des pièces qu'ils prétendraient leur être nécessaires pour intenter contre la société une action en justice (2).

Le liquidateur n'est donc pas responsable directement devant eux de ses actes, les créanciers pouvant seulement exercer l'action des associés en vertu de l'article 1166. D'après l'article 119 de la loi belge de 1873, les liquidateurs sont au contraire « responsables tant envers les tiers qu'envers les associés de l'exécution de leur mandat et des fautes commises dans leur gestion ». « Le double intérêt dans lequel les liquidateurs

(1) C. Poitiers, 22 juillet 1875. S. 77, 2, 22.
(2) Trib. civ., Seine, 17 mars 1898. *Annales*, 98, p. 276.

agissent, leur impose cette double responsabilité, » disait M. Pirmez dans son rapport (1).

Il y a là une erreur, car aucune obligation ne lie le liquidateur aux créanciers ; il n'est pas chargé de veiller à leurs intérêts, mais il doit seulement, et c'est bien différent, ne pas, par sa gestion, contrarier les droits de ces créanciers. Tout ce qu'on peut dire, c'est que par la nature de son mandat, il est amené à prendre des mesures qui profitent tantôt aux associés, tantôt aux tiers. Envers ces derniers, il ne peut être tenu que de la responsabilité générale édictée par l'article 1382, Code civil. L'art. 119 de la loi belge semble supposer qu'on accepte la théorie par nous combattue du liquidateur représentant des créanciers et c'est en effet sur sa disposition qu'on s'est fondé en Belgique pour la soutenir (2).

Donc le liquidateur n'est responsable envers les créanciers que s'il a commis un quasi-délit, des fautes lourdes, disent les arrêts (3), et il leur doit alors la réparation du préjudice par lui causé. Rien n'empêcherait les créanciers de faire aussi annuler ses actes, s'il y a lieu, pour cause de fraude.

Les créanciers pourront certainement actionner les liquidateurs en réparation du dommage causé, s'ils ont

---

(1) GUILLERY. Comment. lég., p. 144, n° 79.

(2) CLAESSENS. *Rev. prat. des soc. civ. et comm.*, 1891, p. 209. Confr. Belg. jud. *La liq. des soc. comm.*, 92, p. 752 et suiv.

(3) Sa situation est à peu près celle de l'héritier bénéficiaire, (art. 804 C. C).

réparti entre les actionnaires l'actif social avant paiement du passif. Nous savons que les créanciers sociaux ont dans ce cas une action directe contre les actionnaires eux-mêmes, mais il est certain qu'ils peuvent aussi poursuivre le liquidateur coupable (1). Dans une espèce jugée par la Cour de cassation le 28 janvier 1884 (2), le liquidateur alléguait que l'action des tiers ne pouvant se fonder que sur les articles 1382 et 1383, il n'était tenu de réparer que le préjudice dérivant d'un fait actif, non d'une négligence ou d'une omission. Or, disait-il, on me reproche seulement d'avoir négligé, en remboursant les associés, de prendre les précautions nécessaires pour rentrer si besoin est, dans les sommes déboursées. La Cour ne tint pas compte de ce raisonnement subtil, car, ainsi que l'observe M. Lyon-Caen, il y avait bien un fait actif, le partage du patrimoine, et subsidiairement seulement un défaut de précautions pour empêcher les conséquences mauvaises de ce partage.

La jurisprudence considère aussi comme faute préjudiciable aux créanciers le fait pour le liquidateur de continuer la gestion coûteuse de l'entreprise et de payer certains créanciers au lieu de faire déclarer la faillite de la société alors que celle-ci est en état notoire de cessa-

---

(1) THöL. *Handelsrechts.* § 171, p. 517. « Les répartitions prématurées obligent simplement les payeurs personnellement et solidairement ».

(2) S. 1886, 1, 465. Note Ch. Lyon-Caen.

tion de paiements (1). Qu'il ait le droit de faire l'aveu de la faillite, cela ne peut pas être discuté, car il a la représentation légale de la société, mais ce n'est pas pour lui un devoir, disent en général les auteurs qui se sont occupés plus spécialement de la faillite des sociétés (1). Il serait donc libre après avoir constaté l'insuffisance de l'actif d'agir à sa guise, sous le prétexte qu'aucune loi ne lui en impose l'obligation, et, qu'affirme-t-on, sa situation ne peut être comparée à celle des gérants et administrateurs. Rien n'empêche au surplus les créanciers de demander la faillite ou le tribunal de la déclarer d'office.

- S'il y avait lieu d'établir une différence entre les gérants et les liquidateurs, ce sont les premiers, nous semble-t-il, qui seraient les plus excusables à se refuser au désastre amené par la faillite. Ils peuvent facilement ne pas voir très clair dans l'état des affaires de la société, peut-être se font-ils des illusions sur l'importance de ses pertes et pensent-ils trouver dans l'exercice actif de son entreprise les ressources nécessaires pour faire face aux échéances. Les liquidateurs au contraire, l'inventaire établi, connaissent exactement la balance de l'actif et du passif ; ils savent d'autre part, qu'il n'y a plus à s'attendre à de nouvelles rentrées. Comment ne seraient-

(1) C. Paris, 17 mai 1888. *Annales*, 88, Jur. 153. Comm. Seine, 4 oct. 1883. R. S. 1884, p. 42. *Contra* Bruxelles, 29 déc. 1837. Pas. belge, 37, II, 284.

(2) Pic. *Op. cit.*, p. 65. Duvivier, *op. cit.*, p. 78 en note. Vide ci-dessus, pp. 187 et 188.

ils pas coupables, connaissant l'insuffisance de l'actif, de payer intégralement certaines des créances au lieu d'essayer d'obtenir un concordat amiable ou, dans l'impossibilité d'y arriver, de faire déclarer la faillite. La responsabilité du liquidateur est amplement justifiée par les principes de probité commerciale qui veulent que tous les créanciers soient traités de la même façon.

Sans doute, les créanciers peuvent demander eux-mêmes la déclaration de faillite, et s'ils l'obtiennent, les paiements faits par le liquidateur au cours de sa gestion seront annulés en vertu de l'article 447 du Code de commerce. Mais tout d'abord ne vaudrait-il pas mieux éviter un paiement qui sera de nul effet, puis ce paiement prématuré, quoique annulé, ne sera-t-il préjudiciable aux tiers, si le créancier payé devenu insolvable, se trouve dans l'impossibilité de le rembourser. Enfin, on ne remarque pas assez que l'annulation ne pourra être obtenue que si ceux qui ont traité avec le débiteur ont eu connaissance de la cessation de paiements.

Aussi, affirmons-nous, que le liquidateur qui sait à quoi s'en tenir sur l'état fâcheux de la société a pour devoir de la faire déclarer en faillite, et, s'il contrevient à cette obligation, il devra être condamné à verser entre les mains du syndic les sommes distraites de l'actif de la masse, solidairement avec les créanciers désintéressés, et sauf son recours contre ceux-ci pour le montant des espèces qu'il a restituées à leur place. Il était important pour nous de l'établir.

La loi japonaise dit expressément que les liquidateurs qui, connaissant l'insolvabilité, font des paiements aux créanciers ou aux actionnaires, deviennent individuellement et solidairement responsables, vis-à-vis des créanciers de la compagnie, du montant des valeurs qu'on ne peut recouvrer.

Vivante (1) écrit en ce sens qu'il est regrettable que la loi italienne ne leur ait pas elle aussi imposé l'obligation précise de demander la déclaration de faillite quand le passif dépasse l'actif, en les soumettant à une grave responsabilité civile ou pénale pour tout retard coupable (2).

Dans tous les cas où le liquidateur est soumis à une action en responsabilité de la part des tiers, cette action ne se prescrira que par 30 ans ; mais, s'il y a plusieurs liquidateurs, nous ne croyons pas qu'ils doivent être solidairement responsables de leurs fautes.

Tels sont, quant aux droits et aux obligations du liquidateur, les conséquences du principe qu'il n'est pas le représentant direct des créanciers.

Dans le régime de la faillite, les dépenses faites par le syndic, dans l'intérêt de la faillite, les fournitures achetées par lui pour la continuation momentanée de l'entreprise doivent être soldées avant l'attribution des

---

(1) Vivante, vol. ii, part. i, n° 719, p. 145.

(2) Comp, loi allem. de 1884 sur les soc. par act., art. 240, 241, 244, 249 et la loi sur la faillite du 10 fév. 77, art, 193 : Les liquidateurs responsables dans ce cas peuvent être condamnés jusqu'à 3 mois de prison et cumulativement jusqu'à 5000 marks d'amende.

dividendes qui reviennent aux créanciers antérieurs à la déclaration de la faillite ; c'est le privilège de ceux qu'on appelle les créanciers de la masse. par opposition aux créanciers de la faillite. Sont privilégiées encore les avances faites par le syndic et leurs honoraires eux-mêmes. En est-il de même s'il s'agit de liquidation ?

Le liquidateur a certainement pu achever les opérations commencées dans la période active de la société, en entreprendre même de nouvelles si elles sont intimément connexes à la fin de la liquidation. Mais il n'y a certai-nement pas analogie parfaite avec la faillite et cela parce que les dettes faites par le syndic sont payées de préférence aux dettes antérieures, mais non ultra vires de la faillite. Au contraire, les obligations assumées par les liquidateurs au nom de la société, pèseront en cas d'insuffisance d'actif, sur chacun des associés, suivant son degré de responsabilité. N'agissant pas au nom des créanciers, mais en la seule qualité d'organes de la société, les obligations qu'ils ont créées sur la tête de la société ne peuvent pas nuire aux créanciers et si eux-mêmes ont avancé des deniers, fait des dépenses, s'il leur est dû des honoraires, ces créances ne seront pas davantage privilégiées ; ils invoqueraient en vain l'ar-ticle 2101 du Code civil.

A ceci la jurisprudence apporte cependant quelques, tempéraments. Les dépenses faites par les liquidateurs ne sont pas remboursables par préférence aux autres créances en tant simplement que dépenses de liquidation et comme représentant des avances faites, non seulement à la société, mais encore à la masse des créanciers eux-mêmes (1) ; elles ne sont pas remboursables par préférence si elles n'étaient pas nécessitées par les besoins de la liquidation. Il en est différemment si elles peuvent être considérées comme faites pour la conservation du gage social (2). C'est alors l'article 2102, § 3, Code civil qu'on invoquerait.

Pour les deniers que le liquidateur a avancés en payant lui-même une dette sociale, il ne jouirait d'un privilège que si les dettes ainsi acquittées pour le compte de la société étaient elles-même privilégiées.

Enfin, pour leurs honoraires, ils n'auraient dans tous les cas qu'une créance chirographaire parce que, par frais faits pour la conservation de la chose, la loi entend les dépenses nécessaires sans lesquelles la chose eût péri, et ce privilège ne peut, dit-on, recevoir son application lorsqu'il s'agit de frais faits pour la conservation d'un ensemble, d'une universalité comme l'avoir d'une société en liquidation (3).

Quelques arrêts cependant affirment que dans tous les cas, les obligations assumées par le liquidateur, ses frais et honoraires ont le caractère de dépenses faites pour la conservation de la chose. Un arrêt de la Cour

(1) *Contra* C. Paris, 24 janv. 1889. *J. S.* 90, 372.
(2) C. Paris, 20 nov. 1894. *J. S.* 94, p. 35. Note Ledru.
(3) Comm. Namur, 8 févr. 1889. *J. S.* 90, 425.

de Dijon du 17 mars 1862 (1) déclare même que doivent être payées par préférence aux créances de la société, non seulement les fournitures nécessaires pour maintenir en activité une usine de la société, mais même celles que le gérant avait commandées avant sa dissolution, mais qui ont été reçues après cette dissolution par le liquidateur.

Nous acceptons bien que dans tous les cas, il y a privilège, mais c'est en nous fondant sur l'article 2101, § 1, Code civil et nous prétendons, quoiqu'on en dise, qu'on peut voir raisonnablement là des frais de justice. On doit en effet entendre par ce mot toutes les créances qui peuvent servir l'intérêt collectif des créanciers, et peu importe qui s'est engagé à les éteindre, pourvu que l'acte émane d'un agent choisi par la justice. « On doit considérer comme frais de justice tous les frais faits dans l'intérêt commun des créanciers pour la conservation, la liquidation et la répartition des biens du débiteur et pour la distribution du prix en provenant ; peu importe qu'ils aient été exposés à l'occasion ou dans le cours d'une instance judiciaire, ou qu'ils soient relatifs à des actes ou à des opérations extra-judiciaires. » Ainsi

____

(1) D. P., 62, 2, 94. Voy. *Gaz. des Trib.*, 17 janv. 1885 et Comm. Seine 17 oct. 1888. *J. S.* 90, 395. Il y aurait donc un privilège acquis d'avance sans qu'on ait à s'occuper si réellement les actes du liquidateur ont eu une utilité. Confr. Comm. Lyon dans l'affaire de la Cⁱᵒ de Terre-Noire, La Voulte et Bessèges. *Mon. jud.* Lyon, nᵒ du 11 févr. 1888 : « Attendu que les frais des présentes et *ceux qui en seront la suite* doivent entrer en privilège de liquidation »....

s'expriment MM. Aubry et Rau (1). Dans le même sens M. Thaller (2) observe que ce privilège occupe dans l'étude du droit et de ses différentes applications une place autrement importante que celle que les textes de nos lois veulent bien lui faire, que Grenier, dans son rapport au Tribunat, mentionnait comme frais de justice ceux de scellés, d'inventaire et de vente, qu'il suffit donc, pour donner à des dépenses le caractère de frais de justice, qu'elles aient été faites pour la conservation et la liquidation des biens d'un débiteur, dans l'intérêt de ses créanciers, soit directement par elle ou devant elle, *soit par les personnes que la loi lui fait un devoir de préposer à une administration.*

Ainsi, nous reconnaissons aux dépenses du liquidateur le privilège des frais de justice tout en ne voyant pas en lui le représentant d'une collectivité des créanciers de la société en état de cessation de paiements, car il n'est évidemment pas la même chose d'agir dans l'intérêt des créanciers ou d'agir en leur nom. C'est cette doctrine que semblent accepter les arrêts les plus récents (3).

Quels que soient les résultats auxquels nous aboutissions, ce n'est donc pas par assimilation de la liquida-

____

(1) 4ᵉ édit., t. 3, p. 128. § 260.

Sic. TROPLONG. Privilèges et hypothèques, t. I, nᵒ 120.

(2) THALLER. Cr. de la masse et cr. de la faillite. *Rev. crit.*, 1881, p. 643.

(3) Req. 1 avr. 1890. *J. S.* 90, p. 364. Comm. Saint-Etienne 7 mars 1899. *J. S.* 99, p. 473. *Contra* Dall. Repert., vᵒ Société, nᵒ 1011.

tion à la faillite que nous y arrivons. Notre but est au contraire de montrer les différences qui séparent ces deux régimes. Aussi, étudiant maintenant les droits des créanciers sur l'actif social, nous verrons combien diffère dans les deux cas le mode de paiement dont on devra user à leur égard.

SECTION DEUXIÈME

PAIEMENT DES CRÉANCIERS

De ce que la société s'est mise en liquidation, ses créanciers n'en continuent pas moins à avoir sur son patrimoine un droit de préférence opposable aux créanciers individuels des associés. C'est qu'en effet, le partage des biens de la société, fait avant le paiement des créanciers sociaux, peut être considéré par eux comme non avenu. La personnalité morale subsiste même après ce partage si le passif n'est pas intégralement éteint. Dès lors, les créanciers personnels ne peuvent avoir aucun droit sur des biens qui ne sont pas encore rentrés dans le patrimoine de leur débiteur. C'est ce que dit très justement la Cour de cassation par un arrêt du 2 décembre 1885 : (1) « Les sociétés dissoutes étant considérées comme subsistantes pour les besoins de la liquidation, les partages qui peuvent intervenir entre les associés ne sont

____

(1) D. P. 1886, 1, 357.

jusqu'à la clôture de cette opération que des actes anticipés qui ne produisent que des droits éventuels, et ne peuvent porter atteinte au gage des créanciers sociaux, à l'encontre des créanciers personnels des associés. » En sens contraire, on a invoqué (1) qu'il devrait en être ici comme dans le cas d'une succession où l'attribution d'un bien héréditaire à l'un des héritiers donne à ses créanciers personnels les mêmes droits qu'aux créanciers de la succession. C'est perdre de vue que la société n'est pas morte, que la liquidation opère vis-à-vis des créanciers le même effet que la séparation des patrimoines qu'ils peuvent demander dans le cas de succession.

Même en écartant la fiction de la personnalité morale, les créanciers personnels des associés ne peuvent pas saisir les biens qui composent le fonds social, seraient-ils considérés comme une masse indivise. Avant le partage, les créanciers ne peuvent savoir quels biens seront mis dans le lot de chaque associé. Leur seul droit serait en principe de provoquer le partage, mais ils ne le peuvent pas parce qu'il y a ici une convention de surseoir au partage et les créanciers ne peuvent avoir plus de droits que les communistes eux-mêmes. Pendant la liquidation, la situation ne change pas ; cette indivision forcée subsiste ; les créanciers personnels devront attendre qu'elle soit rompue pour faire valoir leurs droits. (2)

(1) Boistel. Précis, n° 388.
(2) Confr. Vandernotte. Droits des créanciers d'une société sur les biens sociaux dans *Annales*, 1898, p 437.

De quelle façon les créanciers sociaux arriveront-ils au contraire à la satisfaction de ce qui leur est dû ?

§. I — Créances non affectées de modalités et créances à terme

Quoique nommé par justice, le liquidateur représente uniquement la société. Les droits des créanciers ne sauraient d'aucune façon être paralysés : la liquidation ne suspend pas leur droit de poursuite individuelle. Tout au plus, pourrait-elle être considérée par le juge comme un motif pour accorder des délais de grâce, (1) mais cette concession de délais n'a évidemment d'effet que pour le créancier en cause. Donc, chaque créancier peut réclamer le paiement de ce qui lui est dû et, s'il ne lui est pas donné satisfaction, obtenir un jugement contre la société, inscrire une hypothèque judiciaire sur ses biens ou aussi, en poursuivre la saisie. Chaque créancier peut faire constater la cessation de paiements et par là faire déclarer la faillite. Peu importe que le liquidateur s'offre à liquider avec toutes les garanties que lui aurait données ce régime ; il n'est jamais tenu d'accepter cette proposition, sauf à voir s'il n'a pas intérêt le plus souvent à l'accepter au contraire.

En principe donc, c'est au fur et à mesure des échéan-

---

(1) Trib. de paix du IXe arr. de Paris, 12 janv. 1889. *Le Droit,* n° du 16 juin 1889.

Il s'agissait dans l'espèce de la société civile du canal de Panama, mais la règle serait la même dans tous les cas.

ces que le liquidateur, qui tient caisse ouverte, doit éteindre les obligations de la société. Du moment ou un créancier réclame son dû, de quel droit lui refuserait-il son paiement ? Comment lui prouverait-il, que, après réalisation de tout l'actif, il doit payer seulement à tous les créanciers les dividendes qu'une répartition proportionnelle leur permet de toucher. De quel droit empêcherait-il le créancier muni d'un titre exécutoire de faire saisir les biens de la société en liquidation ou de faire déclarer la faillite ; or, c'est là ce que doit éviter le liquidateur si les fonds de la société sont suffisants pour contenter tout le monde.

Réciproquement, les créanciers à titres non échus ne pourraient réclamer leur paiement immédiat, ni demander que le liquidateur sursoive au paiement des dettes échues pour conserver leur propre part. En vain, invoquerait-on l'état de fait de cessation de paiements de la société, car ce n'est pas cette situation, mais seul le jugement de déclaration de faillite qui rend les dettes à terme exigibles.

S'il y a nécessité, le liquidateur devra lui-même demander la faillite, et celle-ci obtenue, le syndic opèrera suivant les règles de ce régime, mais lui, ne le peut de sa propre autorité parce qu'en elle-même la liquidation suppose un actif supérieur au passif.

Vidari (1), qui considère que la loi belge dont nous

____

(1) Vidari. *Op. cit.*, n° 1173.

aurons à parler a eu même le tort de permettre aux liquidateurs de payer sous leur responsabilité personnelle les dettes échues quand l'actif excède notoirement le passif ou quand les dettes non encore échues sont suffisamment garanties, argumente ainsi. Comment, dit-il, pouvez-vous jamais être sûr que le patrimoine social suffira à éteindre ses obligations ? Les liquidateurs ne se tromperont-ils jamais dans leurs comptes et dans leurs prévisions ? Croyant avoir pour l'époque de chaque échéance les sommes nécessaires, en fait n'arrivera-t-il pas qu'ils ne les aient pas ? Dès lors, les créanciers à terme vont être lésés ?

Il est possible, ce sera d'ailleurs bien rare, qu'un événement imprévu modifie les calculs du liquidateur Mais celui-ci ne serait pas en cela plus coupable que tout débiteur qui, ayant un actif supérieur à son passif, paie les dettes échues et se trouve à l'improviste sans fonds pour payer les autres. Le seul cas où il y aurait faute à agir ainsi, c'est lorsque l'inventaire accuse un exédent de passif, car alors c'est le régime de la faillite qu'on doit subtituer à celui de la liquidation.

Mais comment ne pas s'apercevoir que le liquidateur, protecteur des intérêts et de l'honneur de la société, doit par tous les moyens légaux et honnêtes empêcher les conséquences de la faillite? Comment alors, dirait-on, qu'il agit loyalement en refusant de payer intégralement le créancier qui se présente, alors qu'il a des fonds suffisants en caisse, et qu'il pourra s'en procurer plus tard pour payer les créanciers à terme, car ce refus n'est autre chose qu'une cessation de paiements, une cause de faillite. Et ainsi, le résultat bizarre qu'on obtiendra sera de faire déclarer la faillite d'une société dont l'actif est peut-être dix fois, vingt fois supérieur à son passif. On sait, en effet, que pour la déclaration de faillite, on n'a égard qu'au fait même de la cessation de paiements et on n'a pas à se demander quel est l'état réel de fortune du débiteur (1).

Dans une espèce qu'a eu à juger la Cour de Catane, il s'agissait d'un liquidateur *qui avait reçu mandat des associés de payer les créanciers par contribution* et la Cour établit très justement que ce mandat ne peut être opposé aux créanciers qui sont étrangers à la mise en liquidation : « les liquidateurs devraient payer les créanciers quand arriveraient les échéances » (2).

Ce principe ressort de la discussion du Conseil d'Etat sur l'article 64. Il y fut dit que « le créancier n'est pas obligé d'attendre que les recouvrements soient faits et l'actif réalisé » (3).

Il ne suffit pas de répondre, comme l'objectaient des liquidateurs dans une espèce jugée par le tribunal civil de la Seine le 17 mai 1886 (4), que la liquidation doit

---

(1) Confr. Sraffa, *op. cit.*, n° 67.

(2) Arrêt rapporté par SRAFFA, *op. cit.*, n° 67.

(3) REGNAUD (de St Jean d'Angély). Procès-verbal du Cons. d'État. Séance du 19 fév. 1807. LOCRÉ. *Lég. civ., et comm.*, t. XVII, p. 274.

(4) *J. S.* 88, p. 373.

produire des effets analogues à la faillite en ce qui touche l'égalité à maintenir entre les créanciers, qu'elle a pour but de permettre la réalisation du gage commun dans les meilleurs conditions possibles, et que pour atteindre ce but, il ne saurait être permis à certains créanciers de poursuivre au cours de la liquidation, le paiement de ce qui leur est dû. Ce sont là des affirmations dont il, s'agirait justement de prouver le bien fondé.

D'autre part, on ne peut pas dire que le liquidateur, s'il n'a pas à payer immédiatement les créanciers à terme, doit les comprendre dans la distribution de l'actif social, sauf à ne leur faire toucher leurs dividendes qu'à l'échéance du terme (1). Cela suppose un arrêt dans les paiements, un réglement proportionnel des créances et pour nous, cette façon de procéder n'est pas normale. Par un moyen détourné, on en arrive toujours à contrevenir au principe que la liquidation d'une société ne rend pas ses dettes immédiatement exigibles.

On a remarqué bien souvent encore que l'article 1188 du Code civil est inapplicable en cette matière. La mise en liquidation ne peut être assimilée à la faillite ou à la déconfiture pour entraîner la déchéance du terme, elle ne peut pas davantage être comparée au fait de diminuer les sûretés données par le contrat au créancier qui a traité avec la société. Ceci ne peut être discuté. Les sûretés qu'a en vue cet article 1188 sont les.

____

(1) Cass. 24 nov. 1869. S. 70, 1, 168.

sûretés spéciales résultant soit de l'hypothèque, soit du gage, mais non les sûretés générales de l'article 2093 du Code civil.

Il ne faut pas avoir prévu cette objection pour dire avec Léchopié (1) : « Nous nous trouvons, non en présence d'un particulier auquel on a fait crédit en considération de sa personne, mais en présence d'une société, être impersonnel, représenté simplement par un capital fourni par les actionnaires, société à laquelle les tiers créanciers ont avancé leurs fonds seulement à cause de l'exercice et de la nature de l'exercice annoncé...... Ne pourrait-on pas dire que, dans une certaine mesure, la garantie offerte est en réalité cet exercice même et que, du jour où par le fait de la société, la garantie des créanciers se trouve diminuée, on rentre dans le cas de l'article 1188 du Code civil ». Cette argumentation assez vague ne réussit pas à nous convaincre.

Cependant si la liquidation en elle-même n'est pas une cause de déchéance du terme, il semble qu'elle puisse le devenir dans certaines circonstances (2), et la jurisprudence paraît disposée à admettre dans beaucoup de cas que la cessation de l'exploitation de l'industrie sociale sur laquelle les créanciers avaient compté en accordant un crédit à la société peut suffire pour leur permettre

(1) R. S. III, p. 213 et suiv.

(2) VIDE. Trib. civ. Lille, 6 déc. 1888. R. S. 89, p. 347. « La liquidation peut donner aux créanciers le droit de demander la déchéance du terme ou même la résolution du contrat avec dommages intérêts ».

d'invoquer l'article 1188. On peut, en effet, arguer que « lorsque la confiance du créancier diminue par la diminution des causes qui l'avaient fondée, il faut que la loi le laisse agir comme il aurait agi, s'il n'avait pas eu sa sûreté toute entière au moment du contrat (1) ».

Il est un cas qui se présente souvent, et où l'on rentre pleinement dans l'hypothèse prévue par l'article 1188 : la société serait certainement déchue du terme, lorsque l'aliénation de son matériel a enlevé le gage donné à ses créanciers, et notamment au propriétaire des locaux où il était (2).

Le système de la loi belge de 1873 est tout à fait contraire à celui que nous défendons. L'article 117 de cette loi est ainsi conçu : « Les liquidateurs, sans préjudice aux droits des créanciers privilégiés paieront toutes les dettes de la société, proportionnellement et sans distinction entre les dettes exigibles et les dettes non exigibles, sous déduction de l'escompte pour celles-ci.

Ils pourront cependant, sous leur garantie personnelle, payer d'abord les créances exigibles, si l'actif dépasse notablement le passif ou si les créanciers à terme ont une garantie suffisante et sauf le droit des créanciers de recourir aux tribunaux. »

La restriction apportée par ce deuxième paragraphe

---

(1) Rapport Favard. Locré. *Lég. civ. et comm.* t. 12, ix, n° 64

(2) C. Nîmes, 19 mai 1852. S. 53, 2, 614. Confr. Comm. Nantes, 18 avril 1891. *Droit fin.* 92, p. 12. Dans l'espèce, le demandeur invoquait l'existence d'un contrat de compte-courant pour exiger le remboursement immédiat de sa créance.

au principe général formulé par le premier est de peu d'importance, car le liquidateur effrayé par la responsabilité qu'il encourt n'use guère des droits qu'il lui donne et toutes les fois qu'il pourra craindre le moindre danger, il paiera suivant la règle établie par l'article 117, § 1.

Ainsi, dans presque tous les cas, le liquidateur paiera les dettes proportionnellement et sans tenir compte de la nature des créances, sauf à retenir un escompte sur les sommes versées aux créanciers à créances non échues, escompte qui représente le bénéfice que tirent les tiers de ce paiement immédiat. Cependant, on reconnaît que par créances exigibles, l'article 117 ne peut entendre que les créances à terme ; il serait absurde de payer immédiatement les créances conditionnelles, parce qu'on ne sait pas si la condition se réalisera, ni quand, et qu'il serait alors impossible de calculer l'escompte. Les intéressés pourraient seulement dans ce cas, réclamer des mesures conservatoires comme une réserve de fonds.

Quoiqu'il en soit, il n'est pas étonnant que se basant sur cet article 117, la jurisprudence belge, comme l'ancienne jurisprudence française, ait pu émettre des formules erronées comme celle qu'on a reproché à cette dernière, à savoir que les liquidateurs gèrent comme le syndic de faillite l'actif de la société pour le compte de la masse créancière ou même que la mise en liquidation d'une société doit empêcher la mise en faillite ultérieure (1). En vain, pour justifier cette disposition, dirait-on que la société ayant cessé ses opérations, le moment de régler tous ses comptes est venu et qu'« il ne ne faut pas qu'une partie des créanciers soient payés aux dépens des autres » (2). Il ne faut pas lier les mains aux créanciers et quant aux garanties que la loi doit leur donner, ils les trouveront, mais s'il y a lieu seulement, dans la demande en déclaration de faillite.

Il peut arriver souvent que la société se trouve parfaitement en mesure de remplir tous ses engagements. Si toutes les créances sont exigibles et que la société ait assez de fonds disponibles pour les solder, elle se trouvera gênée, même en tenant compte de l'escompte, par cette obligation de payer à l'avance des dettes qu'elle ne devait payer que plus tard. Si la société, tout en ayant un actif supérieur au passif, n'a pas assez d'espèces pour payer tous les créanciers, ce sont les créanciers à créances échues qui seront lésés, car ils seront obligés ou d'attendre, ou de recevoir un paiement proportionnel non intégral jusqu'au moment de la réalisation des biens sociaux.

Enfin, avec ce système, on admet généralement que le créancier à terme n'aurait pas le droit de refuser le paiement immédiat qui lui est offert, déduction faite de l'escompte en disant qu'il préférerait attendre l'échéance

____

(1) *Contra* cependant Gand, 17 déc. 1892. Pas. 93, III, 249 et Bruxelles, 25 avril 1895. Pas. 95, II, 367.

(2) NYSSENS, p. 319.

du terme et recevoir un paiement intégral (1). N'est-ce pas là quelque peu abusif ?

Dans la liquidation des sociétés anglaises où le liquidateur cumule la représentation de la société et des créanciers, il est tout naturel au contraire que le paiement proportionnel et l'exigibilité des créances soient la règle. Les fonds sociaux sont donc distribués dans l'ordre suivant :

1° Frais de liquidation en entier, y compris les honoraires du liquidateur ;

2° Dettes de priorité ;

3° Les dettes ordinaires, les créanciers groupés touchant au prorata s'ils ne peuvent être soldés complètement.

A défaut de texte législatif, il ne peut pas être douteux en France que la mise en liquidation n'a pas pour effet de rendre le passif exigible. Tant que le liquidateur remplit exactement les engagements pris par la société in bonis, aucune réclamation ne saurait être admise, car la société n'est tenue que des engagements qu'elle a pris sous les conditions et les modalités de la convention passée par elle (2).

A cette règle, que la liquidation ne change rien à la condition des créanciers, il ne faut donc faire une exception que pour les contrats dont l'observation a été subordonnée dans l'esprit des contractants à la continua-

(1) NAMUR, t. II, n° 1314, p. 394.
(2) Comm. Seine, 23 juin 1883. R. S. 83, p. 566.

tion de l'exercice social. Ainsi, si une compagnie d'assurances se liquide, on comprend que l'assuré, voyant les affaires de la société diminuer de jour en jour, sachant que les primes ne viennent plus alimenter le fonds suffisant pour couvrir les sinistres, puisse réclamer une caution qui garantira les dommages qu'il peut craindre. Mais cet assuré ne saurait plus, dans ces conditions, se refuser au paiement des primes, car la liquidation n'a pas suffi à le délier des obligations qu'il a contracté en souscrivant sa police. Assez récemment, la Cour de Paris (31 décembre 1896. Revue Lehir, 97, p.75), dans une affaire où il s'agissait d'une compagnie d'assurances, la France Industrielle qui, ainsi que cela se pratique d'ordinaire pour la liquidation de ces sortes de sociétés, avait cédé son portefeuille à la Compagnie générale, a décidé que les primes étaient dûes à la France Industrielle, car il n'y avait pas rupture du contrat, et dans l'espèce, la compagnie loin de diminuer la garantie des assurés, l'avait augmentée, en réassurant à une autre compagnie, les polices que contenait son portefeuille (1).

La mise en liquidation ne pourrait, en revanche, être davantage invoquée par la société pour soutenir dans certains cas qu'elle n'a pas à satisfaire ses engagements dans les conditions stipulées. Ainsi, nous ne croyons pas que l'associé, qui est aussi le créancier d'une société en

______

(1) Comp. VIVANTE. Il contratto di assicurazione, vol. I, n° 33.

nom collectif, doive être traité différemment des autres
créanciers (1). De même, il a été jugé que le liquidateur
ne saurait se soustraire à l'exécution des articles
du règlement relatif aux employés de la société, ainsi
qu'à l'indemnité qui leur est dûe en cas de congédie-
ment (2).

§ II. — **Obligations**.

C'est en vertu de cette idée, que la société doit satisfaire ses engagements suivant le contrat auquel elle a
été partie, que les obligataires ont quelquefois soutenu
qu'à leur égard, la dissolution devait être considérée
comme non avenue, qu'en conséquence, si la société ne
veut plus continuer l'exercice de son entreprise, le liquidateur doit mettre de côté une somme suffisante pour
assurer le service des coupons et pour les désintéresser
lorsque l'époque du remboursement arrivera. Les obligataires ne peuvent être lésés par le fait des circonstances qui amènent la dissolution; la compagnie s'était
liée sans réserve, elle avait promis de servir aux obligataires des intérêts pendant un certain nombre d'années
et de les payer au moyen de tirages successifs. Elle n'a

(1) Contra Trib. de l'Emp. allem. 2 mars 1892. *Annales*, 1893,
II, 339.

(2) Aff. du Panama. Trib. civ., Seine, 18 avr. 1889. *Annales*, 1889,
Jur. 183. Note Bourgeois. « La mise en liquidation n'est pas un
cas de force majeure ».

pas le droit de se refuser à l'accomplissement de ces engagements strictement stipulés (1).

Il est bien certain que la société ne pourrait s'appuyer sur l'article 1187 du Code civil et soutenir que le terme étant toujours présumé stipulé en faveur du débiteur, elle a à toute époque, le droit pur et simple de payer ses dettes. Ici, en effet, il y a de la part du créancier, l'obligataire, stipulation d'intérêts, et dès lors le terme intéresse à la fois les deux parties ; le consentement du créancier est nécessaire pour que la dette puisse être payée par anticipation ; sinon, il pourrait y avoir là pour lui la source d'un préjudice.

Mais dit M. Planiol, (sous arrêt-D-92-2-169) la personne morale qui emprunte se lie pour une longue série d'années. « Elle donnerait à l'opération un caractère aléatoire extrêmement dangereux si elle renonçait au droit que lui donne l'article 1187..... Elle accepterait en aveugle des charges financières qui pourraient à la longue devenir excessives, hors de proportion avec les conditions économiques du temps à venir ». On a fort bien répondu que le même raisonnement pourrait s'appliquer à tout débiteur, qu'il n'y a pas lieu de savoir si l'opération est avantageuse ou non à la société, mais simplement à considérer les termes du contrat. Or, la société au prêteur, qui voulait faire un placement de fonds, a offert ce placement et « a subordonné son intérêt de se

---

(1) Remboursement anticipé des obligataires. *Le droit financier*, 5 déc. 1888. Année 1888, p. 509.

ʳréserver le bénéfice du terme à son intérêt plus grand ·de faire réussir son emprunt » (1).

- Soit, mais le contrat de souscription d'obligations est ʳun contrat aléatoire puisque on ignore pendant combien ·de temps la compagnie aura à verser d'intérêts, à quelle ·époque l'obligataire sera remboursé. C'est donc l'article 1978 du Code civil qui est applicable : le défaut de paie- .ment des intérêts autorisera le crédi-rentier, en l'espèce l'obligataire, à demander l'emploi d'une somme suffi- .sante pour le service des coupons. Sans doute, le contrat ·de souscription d'obligations emporte un élément aléa- toire, mais c'est avant tout un prêt : il y a eu remise ·d'un capital productif d'intérêts, et c'est seulement .l'époque du remboursement qui n'est pas déter- .minée et pas du tout la somme à payer. Mais il faut ajouter que ce prêt fait à long terme et sans garanties spéciales ne l'a été qu'en raison de la spéculation entre- prise par la société. « La condition substantielle du con- trat en considération de laquelle le bailleur de fonds a .souscrit à cette convention aléatoire, c'est l'objet même ·de la société qui détermine la nature des risques à ·courir... Si la société anonyme au sort de laquelle j'ai ·consenti à associer le sort de mes capitaux, vient à se dénaturer, ce n'est pas seulement une sûreté particu- lière, c'est-à-dire un simple accessoire qu'elle m'enlève,

(1) BOUVIER BANGILLON. Remboursement anticipé des obliga- tions. *J. S.* 1896, p. 193. Vide LAROMBIÈRE. Traité des obligations ·t. III, sur l'art. 1187, n° 4 et 5.

c'est à la substance même du contrat qu'elle s'attaque : c'est l'objet en vue duquel j'ai contracté qu'elle anéantit. Les articles 1184 et 1188 sont alors applicables » (1). C'est bien ce que nous pensons. Si donc, la société se met en liquidation, le contrat qui l'a lié aux obligataires est résolu, mais résolu par sa faute, et, se mettant dans l'impossibilité de les satisfaires dans les conditions stipulées, elle leur doit compte du préjudice causé et des chances de gain dont elle les prive.

Mais cela ne veut pas dire que les obligataires puissent demander la constitution d'un dépôt de valeurs nécessaires pour assurer le paiement des intérêts et le remboursement des obligations jusqu'à l'époque fixée par le contrat pour ce remboursement. De ce fait que la compagnie a cessé de procéder à des tirages périodiques, il y eu fait d'inéxécution du contrat qui peut donner lieu à résolution avec dommages-intérêts, mais non à son exécution dans des conditions différentes de celles qui avaient été stipulées. Vouloir que la compagnie qui, s'étant retirée des affaires, ne fait plus aucun bénéfice, continue cependant le service des coupons, c'est amener sa faillite, car où trouverait-elle plus tard tous les fonds suffisants pour rembourser les titres? On constituera, dit-on, une caisse où l'on déposera ces fonds. Ainsi, la liquidation va au détriment de tous se continuer pendant de longues années ; des frais considérables

____

(1) Demolombe. Consultation reproduite sous arrêt, Caen, 16 août 1882. S, 1883, 2, 115.

grèveront l'actif social ? Ne vaut-il pas mieux dans l'intérêt même des obligataires les satisfaire de suite, si les actionnaires invoquent que la société ne peut plus vivre in bonis sous peine de courir à la faillite. Si la dissolution avait été votée dans le seul but de nuire aux obligataires, ils auraient sans doute le droit de la faire annuler ; pourquoi réclameraient-ils si, au contraire, la société ne fait plus de bénéfices et ne peut trouver son salut que dans la cessation des affaires. La liquidation étant nécessaire, il ne faut pas davantage la continuer éternellement ; il ne faut pas que la société revive sous la forme de société financière. C'est là, certainement, l'intérêt de tous.

La jurisprudence semble aujourd'hui s'en tenir à cette idée « que la règle d'après la quelle une société en liquidation est tenue de remplir ses engagements envers les tiers dans les termes même où ils ont été contractés, est inapplicable au cas où cette exécution implique nécessairement le fonctionnement régulier et continu de la société dissoute » (1).

N'y a-t-il pas convention tacite entre les obligataires et la société que leurs engagements cesseront d'avoir leur effet du moment où il est devenu impossible à la société de continuer son entreprise, où par conséquent, l'argent emprunté ne lui est plus d'aucune utilité ?

(1) Cass. 10 mai 1887. *Annales* 1886-87, II, 157. Note Lacour. Sic. C. Rennes, 27 juillet 1887. *J. S,* 88, p. 471. Cassat. 6 janv. 85 S. 88, 1. 57,

Dans une affaire célèbre, celle des chemins de fer nantais, la Compagnie avait cédé son réseau à l'Etat sans du reste être encore en liquidation, et les obligataires, sans demander la résiliation du contrat, soutenaient que la Compagnie avait par son fait diminué les sûretés qui leur étaient dûes et demandaient la nomination d'un séquestre aux mains duquel seraient déposés les fonds nécessaires pour garantir la continuation du paiement des intérêts et des remboursements par tirage au sort. Le tribunal civil de Nantes par un jugement du 3 mars 1879 (1) admit cette prétention et ordonna la consignation à la Banque de France ou à défaut au Comptoir d'Escompte par la Compagnie d'un nombre d'obligations des grandes lignes égal à celles à rembourser. La Cour de Rennes (2) confirma ce jugement, mais son arrêt fut cassé le 10 mai 1881 (3) par la Cour Suprême qui se basait sur ce que l'article 1188 n'était pas applicable ici et qu'on ne pouvait donner des sûretés spéciales aux obligataires sous le couvert de mesures conservatoires puisqu'il n'y avait pas eu diminution des sûretés promises. La décision était bonne, le motif mauvais, car les obligataires disaient justement qu'il n'y avait pas résolution du contrat, et ils en demandaient l'exécution par la Compagnie contractante. Aussi, la Cour de Caen (16 août 1882) devant laquelle l'affaire

(1) D. P. 1882, 1, 201.
(2) Rennes, 30 juil. 1879. D. 82, 1, 201.
(3) D. P. 1882, 1, 201. Voy. LACOINTA dans S. 82, 1, 17.

fut renvoyée rendit son arrêt dans le même sens que la Cour de Rennes. La Cour de Cassation persista dans sa jurisprudence et l'arrêt de Caen fut encore cassé, (6 janvier 1885, R. S. 85, p. 154), toujours sous le prétexte qu'on ne peut ordonner l'exécution des contrats dans des conditions différentes de celles qui ont été arrêtées entre les parties, spécialement en y introduisant des sûretés qui n'ont pas été promises au créancier. Il eût mieux valu dire que l'exécution pure et simple du contrat étant impossible, la continuation des paiements des intérêts et des remboursements par voie de tirage au sort le devenait aussi. La raison, c'est que la société, après sa liquidation, ne faisant plus de bénéfices ne peut servir l'intérêt de sommes dont elle n'use plus ; sans doute, elle peut placer elle-même les fonds revenant de la vente de ses biens, mais ces placements peuvent lui rapporter moins que ce qu'elle devrait elle-même annuellement ; enfin, on ne conçoit pas que les liquidateurs restent en fonctions jusqu'à l'époque où aurait dû se faire le dernier tirage, c'est-à-dire pendant cinquante, peut-être cent ans. Il faut procéder de suite au remboursement, sauf à savoir dans quelles conditions.

Il reste donc à nous demander quelle est la somme que recevront les obligataires en cas de liquidation, ou pour quelle somme ils produiront au passif de la faillite : la question serait la même dans les deux cas.

Ils auront droit :

1° Aux intérêts courus jusqu'au jour de la liquidation ;

2° A la valeur d'émission ;

3° A la valeur du préjudice qui résulte de la cessation de paiements d'intérêts avantageux.

Il est entendu que la société ne devrait pas de dom-, mages intérêts si l'exécution du contrat provenait d'une cause étrangère qui ne peut lui être imputée (art. 1147 C. civ.) ou encore d'un cas fortuit ou de force majeure (art. 1148).

Du reste, comme l'obligataire peut presque immédiatement faire un nouveau placement de fonds, les dommages-intérêts qu'il touchera ne peuvent jamais être considérables.

Nous supposons évidemment des obligations remboursables au taux d'émission. La difficulté naît s'il s'agit d'obligations à primes ou à lots et c'est toujours dans le cas d'obligations de cette espèce que les tribunaux ont eu à décider (1).

Selon nous, la question ne peut pas se poser pour les obligations qui sont sorties aux tirages au sort qui ont précédé la dissolution, mais dont le paiement n'a pas été réclamé. Pour celles-là, c'est sûrement la valeur nominale qu'il faut rembourser.

Au surplus, quelle que soit l'époque où l'obligataire a acheté son titre, après ou avant la dissolution, quelque

(1) Voy. Des droits des obligat. d'une soc. comm. en cas de faillite de la soc. Buchère. *J. S.* 98, p. 145. JUGLAR, thèse. De la situation des obligataires en cas de faillite ou liquidation judiciaire de la société. LECOURTOIS, Le remboursement anticipé des oblig. des Cies de chemin de fer.

soit le prix qu'il l'ait payé, aurait-il bénéficié d'une dépréciation frappant à ce moment cette valeur, il a tous les
droits et toutes les actions du souscripteur primitif, car
c'est le titre lui-même qui les confère (1).

Voyons donc quels sont ces droits :

D'après une doctrine, en général combattue, ce serait
seulement la valeur d'émission qui serait remboursable.
Les obligataires n'ont fourni en effet que les sommes qui
représentent cette valeur. Comment réclameraient-ils
plus, puisqu'ils savent que c'est seulement par la capitalisation des intérêts que la Compagnie peut arriver à
l'amortissement des obligations, qu'il lui fallait pour
cela le nombre d'années prévu par la convention (2).

Mais on oublie que l'exécution de la convention est le
fait de la société, que c'est à elle à en supporter les
conséquences fâcheuses. Les porteurs actuels d'obligations ne sont pas le plus souvent les souscripteurs primitifs ; ils ont acheté leurs titres à un prix supérieur
au taux d'émission espérant tôt ou tard toucher la
valeur nominale de ce titre ; il est impossible que le
remboursement immédiat non prévu par eux puisse
leur être préjudiciable.

(1) Comp. Cass. 28 Janv. 1884. D. P. 84, 1, 145

(2) C'est le système de l'art. 851 du C. de Comm. italien d'après
lequel : Si la société faillie a émis des obligations au porteur
(pourquoi au porteur seulement demande justement « M. THAL-
LER. Faillites en droit comparé, t. II, p. 334), les porteurs de ces
obligations sont admis au passif de la faillite sur le pied de
la valeur d'émission des dites obligations, déduction faite de
ce qui aurait été payé à titre d'amortissement ou de remboursement sur le capital de chacune d'elles. »

Est-ce à dire que ces porteurs devront toucher la
valeur de remboursement ? A notre connaissance peu
d'arrêts ont jugé que les obligataires, se basant sur la
déchéance du terme et sur le fait que la société avait
rompu volontairement l'exécution du contrat, pouvaient
réclamer le montant intégral de leurs titres, quoique
l'époque fixée pour le dernier tirage soit encore loin-
taine (1). Cela n'est pas admissible parce que la société,
nous le savons, n'avait promis la prime que dans l'espoir
qu'elle aurait le temps nécessaire pour l'acquérir au
moyen de certaines combinaisons. Comme le dit
M. Labbé (2), « le terme et l'accroissement du capital
sont deux éléments inséparables dans le contrat. Dès
que par l'effet d'un événement qui arrête le fonctionnement de la société, le terme est supprimé, l'obligation de rembourser le capital nominal ne peut plus
être excutée ».

Il faut ajouter que par ce remboursement immédiat,
les obligataires obtiendraient un paiement plus avantageux que celui auquel le contrat leur donnait droit. Et
quoi ! objecte-t-on, une indemnité ne doit-elle pas comprendre non seulement la perte éprouvée, mais le gain
manqué ? Or tout obligataire ne peut-il alléguer ,qu'il
avait l'espoir d'être remboursé au prochain tirage (3) ?
Sans doute, ceux dont les titres seraient réellement

(1) Voy. cep. Lyon, 8 août 1873. D. P. 73, 2, 203 et Lyon,
13 mars 1900. *Mon. jud. de Lyon*, 2 avril 1900.
(2) Labbé sous arrêt Cass., 18 avril 1883. S. 83, 1 441.
(3) En ce sens Montégu. *Op. cit.*, p. 160 et Léchopié, *loc. cit.*

sortis au tirage suivant la dissolution seront lésés par l'arrêt de la vie sociale. Mais puisqu'on ne connaît pas à quelle époque précise chacun aurait été payé, leurs droits doivent être liquidés sur le même pied et il est impossible de parler de remboursement intégral, sinon l'obligataire toucherait plus que le *lucrum cessans* puisque la somme remboursée peut lui rapporter des intérêts jusqu'au moment où son titre serait sorti.

Les obligataires ne toucheront donc que la valeur d'émission augmentée de certains dommages-intérêts représentant la valeur d'accroissement de l'obligation à mesure qu'on se rapproche de l'époque où toutes les obligations seront sorties au tirage. On comprend en effet que moins il y a de tirages à effectuer plus augmente pour chaque obligataire la chance d'acquérir la prime de remboursement. En un mot, ils ont droit à la portion de la prime acquise au moment de la liquidation. Comment donc fixer cette indemnité ? La difficulté en paraît assez grande car la plupart des arrêts qui se sont prononcé sur la matière a établi un système différent.

M. Bozérian, rapporteur de la commission chargé de l'étude du projet sur les sociétés proposait en 1884 cette addition à l'art. 76 : « En cas de faillite ou de liquidation ces obligations seront admises au passif pour une somme

R. S. 1885, p. 216, qui ajoute qu'on aurait l'avantage de rencontrer là une base certaine et invariable d'appréciation. La raison ne paraît pas suffisante.

totale égale au capital qu'on obtiendra en ramenant à leur valeur actuelle au taux réel de l'intérêt de l'emprunt, les annuités d'intérêts et d'amortissement qui restent à échoir. Chaque obligation sera admise pour une somme égale au quotient obtenu en divisant ce capital par le nombre des obligations non encore éteintes. Toutefois, dans le cas où les obligations comprises dans une même série ne sont pas émises à des conditions identiques, le taux de l'escompte des annuités à échoir est fixé à 5 p. %. »

Cette disposition malgré son manque de clarté aurait au moins fixé la matière, mais après avoir été votée au Sénat, elle ne fut pas soumise à la Chambre des députés, et la loi de 1893 ne contient rien qui s'en approche.

En Belgique, dit Guillery, les obligations à primes sont admises au passif pour ce qu'elles valent. C'est l'art. 69 de la loi de 1873 qui indique lui-même le calcul à faire pour apprécier cette valeur. Il dispose que « en cas de liquidation, les obligations ne seront admises au passif que pour une somme totale égale au capital qu'on obtiendra en ramenant à leur valeur actuelle au taux de 5 p. % les annuités d'intérêts et d'amortissement qui restent à échoir. Chaque obligation sera admise pour une somme égale au quotient de ce capital, divisé par le nombre des obligations non encore éteintes ». C'est, on le voit, en principe le même système que voulait introduire en France M. Bozérian.

Ainsi, en l'absence de texte législatif, nous disons que le principe général qui doit guider le juge c'est que l'obligataire doit toucher la portion de la prime qui correspond au temps écoulé depuis la souscription par rapport au temps qui aurait dû s'écouler jusqu'au dernier tirage. Comment la calcule-t-on en pratique ?

1ᵉʳ *Système*. — Un arrêt de la Cour de Paris du 23 mai 1862 (1) décompose l'acte intervenu entre la société et l'obligataire en un double contrat, d'abord un prêt à intérêt puis une convention de capitalisation qui permettra au prêteur de recevoir en sus du capital par lui avancé et à une époque indéterminée le montant de la prime. Peut-être n'y a-t-il là, comme disait M. de Raynal, avocat à la Cour de Cassation « qu'une convention complexe mais unique et dont les diverses parties sont liées par une inévitable connexité. » Mais il n'en est pas moins vrai qu'il n'y a pas un prêt pur et simple ; il est convenu qu'au lieu de verser des intérêts complémentaires de ceux stipulés, la compagnie les mettra en réserve pour constituer une prime qui sera versée à l'obligataire en même temps que le capital dans un temps plus ou moins long.

Et pour calculer le montant de la prime, au moment de la dissolution de la société, il suffit, d'après cet arrêt, de calculer la différence entre le taux des intérêts payés et le taux à 6 p. % du capital versé, et de

(1) RATAUD. Examen doctrinal de jurisprud. *Rev. critique*, 1864, p. 193.

multiplier cette différence par le nombre d'années écoulées depuis l'émission. Dans l'espèce, le calcul donnait
0,65 centimes, pour chaque année écoulée.

Nous ne croyons pas cette façon de procéder très
régulière parce qu'il ne s'ensuit pas, de ce que
l'intérêt légal est de 6 %, que la société ait réellement emprunté à ce taux là. Mais un reproche bien
plus grave, c'est que ce système ne tient compte que
des retenues annuelles capitalisées, mais nullement de
l'intérêt composé qui est cependant un élément très
important dans la formation de la prime.

Deuxième système — D'après la Cour de Douai (1), la
partie de la prime à allouer aux obligataires est avec la
prime totale dans la même proportion que le nombre
d'années écoulées depuis l'émission avec la durée totale
de l'amortissement. Ce mode de computation ne
paraît pas encore assez exact. Certains arrêts montrent
eux-mêmes qu'il suppose que toutes les obligations
sont remboursables au jour du dernier tirage au sort.
On ne tient pas compte de ce que plus la période de
l'amortissement approche, plus les chances des obligataires de toucher la prime augmentent, plus leurs titres
prennent par conséquent de valeur. Aussi, la Cour de
Paris a-t-elle jugé le 21 février 1881 (2) qu'il faut ajouter
au montant de la prime obtenue d'après le calcul

---

(1) C. Douai, 24 janv. 1873. D. P. 1874, 2, 203 et Trib. civ., Douai,
1ᵉʳ mars 1882. Jur. de la C. de Douai, 1882. p. 18.

(2) Sic. Paris, 15 mai 1878, Cass. 29 juin 1881. D. P. 82, 1, 106.

indiqué, une valeur représentant les chances de plus
value des obligations. Reste à arbitrer cette valeur et
ce peut être délicat.

Troisième système. — L'indemnité se calculera en
recherchant d'une part le moment, où d'après le tableau
d'amortissement, il y aurait eu autant d'obligations
remboursées que d'obligations à rembourser, de
manière à établir, entre le dernier tirage réellement
effectué et le tirage extrême prévu au contrat le temps
moyen où tous les porteurs actuels se trouveraient avoir
des chances égales de remboursement ; on déterminera
d'autre part, pour l'attribuer aux obligataires, la somme
qui, accrue chaque année par les retenues successives et par les intérêts qu'elles produisent, devra égaler
à l'époque moyenne de l'amortissement le montant de
la prime promise par le contrat.

Ce système quoique un peu compliqué peut paraître
le meilleur ; c'est celui que récemment ont adopté le
tribunal de commerce (1) et le tribunal civil de la
Seine (2). On a objecté cependant que ce procédé n'a
qu'une apparence d'exactitude, car si la capitalisation
des intérêts produit des intérêts certains et mathéma-
tiques quand il s'agit de sommes importantes pour être
immédiatement placées et rendues productives, il est
presque impossible à un obligataire à qui on alloue
quelques francs et des centimes, de reconstituer la prime

(1) Comm. Seine, 22 déc. 1885. *J. S.* 88, p. 532.
(2) Trib. civ., Seine, 28 nov. 1888. *Annales*, 89. Jur. 65.

à lui promise par une capitalisation dont les résultats sont fort chimériques.

Aussi, on peut conclure avec Lacour (1) que tous les systèmes sont bons, pourvu qu'ils donnent un résultat équitable, car il paraît impossible d'établir en cette matière une règle absolue et invariable. Le mode de computation de la valeur de la prime au jour de la dissolution, différera très sensiblement suivant que l'on y fera entrer simplement les retenues additionnées ou en plus l'intérêt produit par ces retenues. En supposant qu'on accepte comme la jurisprudence cette seconde manière de voir le calcul des retenues est lui-même difficile si on ignore le taux réel auquel l'emprunt a été souscrit; si au contraire on le connaît, le premier système exposé sera parfaitement admissible. En somme, on comprend très bien que la diversité des espèces ait pu amener la diversité des sentences rendues sur cette matière (2).

Nous ne croyons pas que la jurisprudence ait eu à s'occuper plus spécialement de la question que nous venons de traiter relativement aux obligations à lots.

Il pourrait sembler qu'ici la situation est un peu différente, que, le sort étant toujours le sort, il y a qu'à effectuer les tirages de suite. Mais ce serait ici encore vouloir la ruine de la société.

Les tribunaux devraient donc dans ce cas, arbitrer les

(1) Sous juggement cité à la note 2 de la page précédente.
(2) Comp. Levillain sous Cass. 28 janv. 1879. D. P. 80, 2, 25.

dommages-intérêts certainement très minimes devant revenir à chaque obligataire, en tenant compte du nombre des obligataires, du nombre et de l'importance des tirages à effectuer et du taux de l'intérêt auquel ont été émises les obligations.

Les créanciers ordinaires et les obligataires payés, n'y aurait-il pas encore d'autres classes de créanciers à satisfaire pendant la liquidation ? Nous voulons parler des porteurs de parts de fondateurs. Si ce sont des actionnaires, il n'ont alors rien à réclamer pendant la liquidation, mais on les a souvent considérés comme des créanciers et alors peut-être serait-il intéressant de se demander quels sont leurs droits.

Contre la théorie qui voudrait que les parts de fondateurs soient des actions (1) ou tout au moins des parts sociales (2) on invoque que le propre de l'action est que l'actionnaire a fait un versement en nature ou en argent, ce qui n'a pas eu lieu pour le porteur de parts. Aussi ne peut-il comme tout actionnaire assister aux assemblées générales. On ajoute qu'il est de l'essence des sociétés que tout associé contribue aux pertes comme aux gains, or le porteur de parts risque seulement ne pas toucher aux bénéfices. C'est donc seulement un créan cier qui se caractérise simplement parce que l'objet de sa

_____

(1) THALLÉR. *Rev. crit.*, 1887, p. 220. CHAVEGRIN sous Cass., 16 févr. 1887 et 29 févr. 1888. S. 1889, 1, 147.

(2) HOUPIN. Traité, t. I, n° 273.

créance est une part des bénéfices, c'est-à-dire une somme variable chaque année et non déterminé à l'avance (1).

Pour nous, la controverse est sans intérêt. Qu'ils soient actionnaires, qu'ils soient créanciers, de ce seul fait qu'ils n'ont droit qu'à une part de bénéfices, ils ne toucheront que la liquidation finie et que si à ce moment, la société se trouve en possession de gains. Donc le liquidateur paie le passif proprement dit, puis, il met de côté les apports sociaux et c'est seulement le surplus d'actif, qui peut exister alors, qui est réparti entre les actionnaires et les porteurs de parts. Autrement dit, pendant la liquidation, ces créanciers *sui generis* ne comptent pas, puis, au moment du projet de répartition, le liquidateur calcule si l'actif restant est supérieur au montant des apports et s'il en est ainsi, alors, mais alors seulement, cet excédant d'actif est réparti entre actionnaires et porteurs de part parce qu'il ne peut provenir que de bénifices, qui, pour une raison quelconque n'ont pas été mis en distribution à la fin de chaque exercice.

Les droits des porteurs de parts de fondateurs passent, comme on le voit, tout à fait en deuxième ligne, mais il faut tout au moins reconnaître qu'ils pourraient s'opposer à la dissolution anticipée de la société ou à prétendre de ce chef contre le liquidateur à des dommages-intérêts, si la dissolution a été prononcée en fraude de leurs droits. Le cas sera très rare, car il n'est

(1) WHAL sous Paris, 16 juil. 1896. S. 98, 2, 89. LECOUTURIER Nature juridique de la part de fondateur. *Rev. crit.* 1897, p. 164.

pas vraisemblable qu'une société prospère abandonne son entreprise simplement pour leur causer une lésion.

Aussi, en principe, on peut dire que les porteurs de parts ne toucheront pas d'indemnité du fait de la dissolution. Il s'est rencontré cependant quelques affaires où, quoique la société réalisât des gains, l'assemblée générale a décidé la dissolution, soit que la majorité se fût méprise, soit qu'on trouvât trop considérables les avantages des porteurs de parts. Il y a lieu alors de calculer les dommages intérêts qui leur sont dûs (1). Nous, nous ne nous en occuperons pas ; cela sortirait du cadre de cette étude.

(1) Comp. C. Paris, 17 juin 1891. D. P. 1893, 1, 565.

CHAPITRE V

LE LIQUIDATEUR PEUT DEVENIR LE REPRÉSENTANT DES CRÉANCIERS

SECTION PREMIÈRE

DANS QUELLES CONDITIONS CETTE REPRÉSENTATION EST-ELLE POSSIBLE ?

Nous avons examiné comment se règlent les droits respectifs des créanciers de la société en liquidation. Il est temps maintenant de savoir comment les choses se passent dans ces liquidations que l'on peut qualifier d'extraordinaires, que nous avons eu à signaler plusieurs fois et qu'il est utile d'examiner plus à fond.

Remarquons que ce régime n'est plus accepté dans les liquidations de sociétés où le passif est notoirement supérieur à l'actif, car nous savons que les liquidateurs administrateurs de sociétés près le tribunal de commerce de la Seine refusent de s'en charger, mais dans celles où les créanciers ne peuvent être payés à caisse ouverte parce que les fonds en argent ne sont pas suffisants, qu'il faut attendre la réalisation des autres biens et qu'on ignore d'ailleurs si les espèces ainsi obtenues permettront de solder intégralement toutes les dettes.

Nous avons vu que si le liquidateur n'est pas de droit le représentant de la masse des créanciers, il peut devenir celui de tous et de chacun d'eux s'il a reçu le mandat de régler d'une façon déterminée leurs droits respectifs. De plus, ce mandat n'a pas besoin d'être donné explicitement par les créanciers réunis en assemblée ; on l'induit du seul fait qu'ils ont participé à la nomination du liquidateur.

Dans ce cas, il n'est rien d'étonnant à ce que le liquidateur exerce les actions des créanciers, en tant du moins que cette action n'est pas dirigée contre la société dont il est l'organe, par exemple parce que la société ne reconnaît pas sa dette. Mais, pour que le liquidateur puisse ainsi agir, il ne suffit pas de dire qu'il a le droit et le devoir de pourvoir à toutes les mesures que peut réclamer l'intérêt des créanciers, et quelles que soient les tendances jurisprudentielles vers cette théorie, nous ne l'acceptons pas. On n'est pas de droit le mandaire du créancier que l'on paie, mais celui du débiteur au nom et au compte de qui l'on paie. Et si ce mandat commun se présente en cas de faillite, c'est que la loi le crée expressément.

Mais il faut considérer que le seul fait de la dissolution peut être préjudiciable aux créanciers, qu'elle diminue dans une certaine mesure leurs droits, puisque désormais leurs actions contre les associés seront prescrites par cinq ans (art. 64, C. comm.) Il faut donc leur laisser les moyens d'éviter que la liquidation soit pour eux une cause imméritée de lésion. Après s'être opposés au partage immédiat, on peut dire qu'il peuvent forcer le liquidateur à tenir compte de leurs intérêts. Que la société subsiste avec l'intégralité de ses droits, cela est vrai sans doute, mais les créanciers sans y porter atteinte, peuvent certainement prendre leurs dispositions pour que les leurs ne soient pas diminués.

Ainsi, si le liquidateur n'a ni mandat légal, ni mandat judiciaire, il ne semble pas possible de lui refuser la représentation individuelle des créanciers s'il y a mandat exprès ou mandat tacite au cas où les créanciers ont concouru à sa nomination. Et l'on se demande pourquoi il se refuserait à accepter la loi que lui imposent les créanciers, si la société elle-même n'a pas à en souffrir.

Il ne faut pas cependant se montrer disposé à l'admission trop facile de ce mandat. Il ne suffirait pas par exemple que le liquidateur ait été nommé par justice à la requête des créanciers, et alors même que ceux-ci reçus comme parties intervenantes concourent au mandat conféré au liquidateur, celui-ci ne saurait pour cela se refuser à rendre compte aux associés de sa gestion (1).

Il n'empêche que dans quelques cas le liquidateur

(1) C. Grenoble, 14 nov. 1898. R. S. 91, p. 266.

pourra agir en justice, mais agir ut singuli, pour chacun nomativement. Du moment, en effet, qu'il ne représente pas une masse, ce n'est plus en son nom que la procédure se déroulera, mais au nom de ses mandants. C'est la règle commune à tout mandat ad litem, en vertu de la règle : Nul ne plaide par procureur.

Il faut bien se pénétrer de cette idée que lorsque le liquidateur agit au nom des associés, il représente l'être moral, société, et c'est la société qui se trouve toujours en cause ; au contraire, si accidentellement, il représente les créanciers adhérant à la liquidation, il est le mandataire de chacun d'eux considéré individuellement.

Sous cette restriction, nous dirons donc que le liquidateur peut agir au nom des créanciers contre les associés en nom collectif pour leur réclamer le paiement solidaire de tout le reliquat du passif par eux dû ; il pourrait encore au nom des créanciers demander au tribunal la nullité de la société. C'est dans ces deux cas principalement que la jurisprudence à eu à se prononcer et elle a résolu la question par l'affirmative (1).

Mais de ce fait, que chacun des créanciers doit intervenir en nom dans la procédure, les frais et les complications augmentent considérablement, et les difficultés croissent naturellement avec le nombre des créanciers, seront très souvent insupportables dans les sociétés par actions.

(1) Cass. Req., 14 mai 1890. *Annales* 90, 1, 213. Toulouse, 19 mai 1891, La loi n° du 19 juin 1891.

SECTION DEUXIÈME.

DU RÉGIME CRÉÉ EN VERTU DE LA REPRÉSENTATION
DES CRÉANCIERS PAR LE LIQUIDATEUR.

Ainsi, n'est-ce pas précisément pour donner au liquidateur le droit d'intenter des actions, qu'ils pourraient soutenir personnellement, que les créanciers permettront au liquidateur de les représenter; c'est avant tout, et principalement, pour lui donner le droit de régler leurs rapports entre eux, pour substituer au mode normal de paiement des créances dans la liquidation le principe du paiement par contribution.

On pourrait s'étonner que les créanciers à titres échus acceptent ainsi de se lier les mains et en effet ils n'y songeront guère si la situation de la société est prospère. Si au contraire ils savent de source certaine que les espèces contenues dans la caisse sociale ne sont pas suffisantes et que leurs poursuites risqueraient d'entraîner la faillite de la société, ils préféreront dans la crainte salutaire de cette faillite, accepter la proposition intéressée des autres créanciers puis qu'en définitive ils savent que le paiement proportionnel s'impose. Ils pourraient cependant, supposant que l'actif a une certaine consistance, refuser ce concordat amiable, se disant qu'en agissant immédiatement contre la société, avant que viennent à échoir les autres créances sociales, ils pourront peut être réussir à se faire payer intégralement. Mais il ne faut pas oublier que les créanciers à terme ont, comme les autres, le droit de faire déclarer la faillite, s'il y a cessation de paiements ; et la loi, n'ayant pas fixé les conditions qui constituent cette cessation de paiements, le tribunal est toujours maître d'apprécier l'ensemble de faits d'où on peut l'induire (1).

La circonstance que l'inventaire accuse plus de passif que d'actif suffirait même à la faire déclarer aux créanciers récalcitrants, les créanciers à terme feront valoir cette menace de la déclaration de faillite, et cette épée de Damoclès suspendue sur la tête de tous influencera leur volonté et permettra une entente commune.

. Ainsi, les créanciers d'accord entre eux s'engageront, d'une part à renoncer au droit de se faire payer immédiatement et avant les créanciers à terme, d'autre part, ils donneront au liquidateur le mandat de répartir les fonds de la société entre eux suivant leur degré d'intérêts. Par là, le liquidateur qui n'est pas leur représentant de droit devient leur représentant de fait ; et il n'y a pas lieu de s'étonner encore qu'il ait le droit d'accepter ce mandat. Il est déjà, dit-on, le représentant de la société. Or, le mandat collectif n'est possible que si les intérêts ne sont pas opposés. En quoi, je le demande, la société est-elle intéressée à ce que les créanciers soient payés au fur et à mesure des échéances ou au prorata ?

(1) Comp. Lévi-Lion, sous Toulouse, 19 mai 1891. *Annales,* p. 493

Elle ne nie pas ses dettes; peu lui importe alors comment les créanciers se partageront les biens qu'elle est obligée de leur abandonner, peu lui importe que ce soit le liquidateur ou toute autre personne qui soit chargée de cette répartition entre eux.

Au surplus, le liquidateur dans ce rôle n'apparaît pas le moins du monde comme représentant de la masse des créanciers. Ce n'est autre chose qu'un arbitre chargé par eux de régler leurs intérêts et dont ils s'engagent par avance à respecter la décision. Par la volonté des créanciers, le liquidateur aura dès lors des fonctions analogues à celles du syndic, qui, ayant réalisé tout l'actif, n'a plus qu'à s'occuper de le répartir et n'a plus précisément alors le caractère de représentant de la masse. Cette notion de la masse cache simplement cette idée que le syndic, quand il fait valoir en justice les droits des créanciers, n'a pas à agir en leur nom individuel; elle n'est plus utile quand il s'agit de régler leurs droits réciproques, car alors, le syndic, comme le liquidateur dans notre cas, a pour tout rôle de faire des parts d'après des règles imposées par la loi dans un cas, voulues par les associés dans l'autre.

Nous avons supposé que c'étaient les associés qui prenaient l'initiative d'instituer ce régime. En pratique, les choses ne se passent pas précisément ainsi. Il arriverait très souvent que les créanciers à terme, ne connaissant pas l'insolvabilité de la société, ne se croiraient pas en droit de réclamer des garanties et laisseraient sans contestation payer les créanciers à titres échus jusqu'au jour où le désastre étant manifeste, ils demanderaient mais trop tard, la déclaration de faillite. Il pourrait arriver que les créanciers qui se trouvent sur place, qui peuvent mieux connaître par là les bruits fâcheux qui courent sur l'état d'insolvabilité présumée de la société, obtiendraient très rapidement un jugement de condamnation contre la société et ainsi assureraient à leur créance la garantie de l'hypothèque judiciaire au détriment de la masse.

En général, c'est le liquidateur qui, l'inventaire fait et l'actif de la société étant parfaitement établi, s'adresse à tous les créanciers connus, fait dans les journaux des annonces pour avertir les créanciers inconnus et leur demander de produire entre ses mains dans un certain délai. Lorsque le passif social est ainsi fixé, la balance permet de savoir à peu près sûrement si oui ou non l'actif de la société est supérieur au passif. Si oui, la la liquidation se poursuivra d'une façon normale. Sinon le liquidateur en informera les créanciers et les mettra dans l'alternative ou de s'entendre pour un concordat amiable ou de laisser déclarer la société en faillite sur sa propre demande. Les créanciers accepteront d'ordinaire les propostions du liquidateur et le règlement de leurs droits se fera dans les conditions que nous avons exposées. Au reste, il ne faut pas croire, qu'après avoir prévenu les créanciers, le liquidateur attende pour y procéder le mandat exprès qu'ils devraient donner. Il fixera un délai passé lequel les créanciers qui n'auront pas répondu seront considérés comme acceptant le concordat amiable et le plus souvent, leur seul silence vaudra acceptation tacite.

Dans l'état de répartition que dressera le liquidateur et dans la distribution d'espèces qui le suivra, il ne pourra tenir compte évidemment que des créanciers qu'il connaît ou de ceux qui ont répondu aux annonces faites par lui. Les autres seraient non avenus à réclamer parce qu'on n'a pas réservé leurs parts.

En revanche, tous les créanciers connus toucheront tôt ou tard le dividende qui leur revient, mais si les créanciers à terme sont aussi compris dans la distribution de l'actif, eux, ne doivent recevoir leur dividende qu'à l'échéance du terme. On procède de cette façon en cas de faillite pour les créances conditionnelles.

Ainsi se trouveront parfaitement garantis les droits de tous les créanciers, chaque fois, et c'est le seul cas qui nous intérese, que la société se trouvera dans l'impossibilité de faire face immédiatement et peut-être entièrement à ses engagements, parce que, nous ne craignons pas de le redire, le liquidateur est alors tenu ou de faire l'aveu de la faillite ou d'obtenir des créanciers la renonciation aux poursuites individuelles. C'est par là seulement qu'on peut expliquer les pratiques des tribunaux consulaires. Il faut admettre en principe, et c'est pour cela que nous avons déjà insisté sur cette idée, que ce n'est pas seulement un droit, mais un devoir pour le liquidateur de faire déclarer la faillite, s'il peut craindre que certains créanciers soient lésés; et toutes les fois que sans les prévenir, il continuera sa gestion, alors qu'il connaissait l'état d'insolvabilité de la société, il sera responsable devant eux du préjudice qu'il leur occasionne par sa faute.

Qu'on ne nous dise pas que cette responsabilité ne suffit pas, que le liquidateur peut n'être pas en mesure en cas de faute d'indemniser tous les ayants droit. Il suffit qu'il en soit menacé pour agir correctement.

Dans un seul cas, certains créanciers pourront être lésés sans avoir la ressource de se retourner contre les liquidateurs ; c'est lorsque, l'inventaire accusant une situation brillante, le liquidateur paie à caisse ouverte ceux qui se présentent ; puis, le patrimoine social vient à disparaître brusquement pour des causes indépendantes de la gestion, telles qu'un krack financier. Les créanciers à terme vont se trouver devant une caisse vide et il ne peuvent rien réclamer, ni du liquidateur qui n'a commis aucune faute, ni des créanciers déjà payés (l'art. 446 C. comm. ne peut s'appliquer). Les créanciers à terme pourraient encorre souffrir un préjudice, si le liquidateur se trompe sur la consistance du passif parce que des créances qu'il lui était impossible de connaître apparaissent tout à coup. Le cas sera d'ailleurs bien rare (1).

(1) Comp. BUCHÈRE. Situation des créanciers d'une société commerciale. en liquidation *J. S.* 96. p. 241.

D'une façon générale, on peut dire cependant que toutes les fois qu'un dommage sera à craindre, le régime qu'a consacré l'usage produira d'excellents résultats. Cette façon de procéder n'est du reste pas obligatoire et si l'on a souvent critiqué les tribunaux qui la sanctionnaient c'est que justement, au lieu de lui donner pour base le libre consentement des créanciers, ils se trouvaient trop enclins à la leur imposer de gré ou de force.

Les tribunaux consulaires ont eu en effet trop souvent le tort de mettre la liquidation sous leur coupe, de considérer que puisqu'elle permettait sous certaines conditions de satisfaire l'intérêt général, il n'y avait pas lieu de demander un autre régime. On voit des jugements comme celui du tribunal de commerce de Lyon dans l'affaire des agents de change lyonnais qui refusa de déclarer la faillite sous le prétexte « que les droits des tiers sont pleinement sauvegardés par la nomination d'un liquidateur » (1).

De même le tribunal de commerce d'Alençon avait repoussé la demande d'un créancier réclamant la faillite, se basant encore sur ce que la société étant en liquidation, l'intérêt des tiers n'était pas en péril, mais la Cour de cassation, (5 avril 1881) (2), jugea en appel que le tribunal n'a pas à se constituer juge de l'opportunité de la mesure réclamée ou de l'intérêt qu'elle pré-

(1) Comm. Lyon, 4 mars 1882. La loi, n° 6 et 7 mars 1882.
(2) *J. des faillites*, 1882, p. 135.

sente, que son droit d'appréciation se borne à vérifier si la cessation de paiements existe.

Ceci est bien plus exact, et nous ne pensons pas que les tribunaux consulaires aient persisté dans leur jurisprudence. Ce que l'on peut craindre toujours c'est que les créanciers ignorants de leurs véritables droits ne songent même pas à protester à l'échéance et se laissant arracher à la légère leur consentement au régime proposé par le liquidateur.

Le Code de commerce allemand (art. 141) et le Code fédéral des obligations (art. 583) disent que le liquidateur doit retenir les sommes nécessaires pour couvrir les dettes sociales ne venant à échéance qu'ultérieurement, mais cela veut dire simplement que ces fonds mis en réserve ne doivent pas être compris dans le partage. Ces codes supposent que l'actif permet de payer toutes les dettes et ne se sont pas occupées du cas où il serait insuffisant, car alors doit s'ouvrir naturellement, la procédure de la faillite et l'usage français de continuer malgré cette circonstance la liquidation d'après un régime anormal n'est pas connue.

Au contraire, nous savons que dans les liquidations anglaises on procède dans tous les cas comme si les fonds sociaux ne devaient pas suffire à l'extinction du passif, autrement dit dans tous les cas le liquidateur devient comme un syndic, le représentant des créanciers et après les avoir informés de la liquidation paie au prorata tous les créanciers qui ont produit entre ses mains.

La loi japonaise a réglementé bien plus minutieusement encore (art. 240-255) la manière suivant laquelle devra procéder le liquidateur et il est intéressant d'en dire quelques mots.

Le liquidateur doit notifier aux créanciers d'avoir à présenter leurs réclamations dans un délai de soixante jours, et avant l'arrivée de ce terme, il lui est défendu de faire aucun paiement. Lorsque ce délai est expiré, les créanciers qui ont présenté régulièrement leurs demandes sont satisfaits et le liquidateur prépare le projet de répartition entre associés ; mais cette répartition n'a lieu que trois mois après, car, pendant cet intervalle, peuvent se produire d'autres réclamations de créanciers retardataires et ils ont droit à être payés sur l'actif restant libre, mais de ce fait, qu'ils ne se sont pas fait connaître dans le premier délai de soixante jours, ils pourraient si tout l'actif est éteint, n'être pas payés et leurs réclamations seraient vaines, ils né pourraient se plaindre de souffrir de leur négligence. Remarquons bien cependant que le paiement fait aux premiers créanciers réclamants est celui-là supposé intégral, car si la compagnie est insolvable, les liquidateurs doivent immédiatement en informer la cour des faillites, publier cet avis, et le communiquer à toutes les personnes qui sont en relation d'affaires avec la compagnie (1). C'est là un régime assez neuf et curieux, qui garantit assez

(1) Comp. Japonese commercial law. by. Dr L. LOENHOLM, p. 66 et 67.

bien les droits des créanciers, sans cependant confondre la liquidation et la faillite. Il nous semble que si le législateur devait tôt ou tard s'occuper en France de la question, il y aurait intérêt à établir un régime assez analogue à celui qui fonctionne au Japon.

On pourrait se demander en effet, s'il suffit pour la garantie des intérêts des créanciers de fonder leur droit à un règlement proportionnel sur une entente commune entre les créanciers d'une part, entre les créanciers et la société représentée par son liquidateur, d'autre part. Le tribunal en nommant le liquidateur n'a certainement pas le droit de lui ordonner d'effectuer une répartition proportionnelle de l'actif. Il excèderait bien plus encore ses pouvoirs en déclarant suspendues les poursuites individuelles. Si donc, un créancier récalcitrant se refuse à accepter le régime que propose le liquidateur ; s'il demande son paiement intégral et immédiat avec menace, s'il n'est pas satisfait, de faire déclarer la faillite, comment agir à son égard ?

Si le liquidateur ne peut lui faire entendre raison, le mieux qu'il pourra faire sera de solder sa créance, à la condition que ce paiement ne fasse pas une brèche trop considérable à l'actif social (1). Le plus souvent, le liquidateur saura lui faire comprendre que sa préten-

______

(1) Les administrateurs de société près le trib. de comm. de la Seine, refusent toujours de payer un créancier avant les autres s'ils ne tiennent pas caisse ouverte, quelles que doivent être les conséquences de leur refus.

tion excessive ne pouvant qu'amener la déclaration de
cessation de paiements, d'où le régime du dividende,
il n'a aucun intérêt, en supposant qu'il ait confiance en
sa gestion de lui, liquidateur, à augmenter les frais de la
procédure, ce qui ne pourrait que diminuer sa part. Aussi,
le créancier se laissera-t-il le plus souvent persuader et,
après réflexion, donnera-t-il son consentement d'abord
refusé.

Cependant, le cas inverse peut se produire. Compre-
nant que son refus est gênant, il peut y persister justement pour amener le liquidateur à se débarrasser
de lui en le payant intégralement. Peut-on lui imposer
le régime du dividende ou tout au moins le liquidateur
peut-il lui dire : Je ne peux pas vous payer votre
créance dans son entier parce que les autres créanciers
peuvent m'en empêcher ; libre à vous de demander la
faillite, car ce droit, à la demande en déclaration de
faillite, est dans tous les cas indiscutable.

On l'a soutenu, en se fondant sur l'analogie très juste
en effet qui existe entre la société en liquidation et la
succession bénéficiaire. On a dit : La liquidation, en
principe ne suspend pas les poursuites individuelles des
créanciers qui seront payés dans l'ordre où ils se présentent et sans aucune formalité spéciale, sa situation
est à cet égard identique à celle de l'héritier bénéficiaire qui, suivant la disposition de l'art. 808 du Code
civil paie les créanciers et les légataires dans l'ordre où
ils se présentent, mais on ajoute bien vite : *s'il n'y a*

pas de créanciers opposants. Car alors, au contraire, l'héritier bénéficiaire ne pourrait payer que d'après une procédure de contribuion. S'il s'agit de liquidation les créanciers doivent nécessairement eux aussi avoir ce droit d'opposition, seulement ici, aucune forme particulière n'étant imposée pour la validité de ces oppositions, la seule production des créanciers à la liquidation en tiendra lieu. Du reste, il n'est pas douteux que le droit d'opposition doivent être accordé aux créanciers à terme en matière de succession bénéficiaire. Il n'y aura pas de difficulté à leur accorder ici. Ainsi, au créancier dessident qui réclamera son paiement intégral, le liquidateur répondra qu'il ne peut que procéder à une répartition proportionnelle ou qu'à consigner les fonds pour qu'il soit ouvert conformément à la loi une procédure d'ordre ou de distribution.

Cependant, au créancier qui réclame son paiement, le liquidateur ne pourrait le refuser, sous le prétexte qu'à sa connaissance il existe d'autres créances, qu'en conséquence, il ne doit payer que sur l'ordre du juge. Il faut qu'il y ait eu opposition, disions-nous, des autres créanciers, par conséquent, tout au moins que ces créanciers, répondant à l'invitation du liquidateur, aient déposé leurs titres entre ses mains. Mais il faut encore pour que cette opposition tacite ait tout l'effet qu'on lui attribue, comme d'ailleurs la procuration donnée par un créancier d'après le premier système, il faut que la société ne soit plus integri statu, et que le liquidateur s'abstenant de payer les dettes à leur échéance ait montré par là sa mauvaise situation financière. Sinon, ce serait renverser le principe général qui est la base du paiement des créances dans la liquidation, à savoir qu'elles doivent être éteintes au fur et à mesure des échéances. Si la loi donne le droit aux créanciers de faire saisie-arrêt sur le patrimoine du défunt, c'est que la succession bénéficiaire est une présomption d'insolvabilité. Le législateur n'a pas osé dire que la succession bénéficiaire entraînerait la déchéance du terme parce qu'il n'y a pas déconfiture certaine, mais par un moyen détourné il a donné aux créanciers à terme le moyen de sauvegarder leur intérêts. Or, la liquidation ne suppose pas en elle-même la société débitrice au-dessous de ses affaires. C'est seulement lorsqu'en fait, sa situation apparaîtra très critique, que la production des créances entre les mains du liquidateur aura la valeur d'une opposition.

Aussi, avec ce système, le créancier à terme pourra exiger d'être compris dans la répartition, mais si le liquidateur peut l'obliger à recevoir immédiatement le dividende qui lui est attribué, il a le droit de consigner les fonds jusqu'à l'échéance; le créancier à terme ne peut avoir d'autre garantie ; elle est, du reste, suffisante.

En résumé, lorsque le liquidateur se trouve amené à éteindre le passif, il se trouve en présence de trois groupes de créanciers :

1° Les créanciers à titres échus qui, par le seul fait

de leur silence, laissent supposer qu'ils acceptent une répartition proportionnelle.

2° Les créanciers à titres non échus qui, de ce qu'ils figurent sur la liste dressée par le liquidateur, sont considérés comme faisant opposition.

3° Les créanciers à titres échus qui, aux propositions du liquidateur, ont répondu par un refus expressément énoncé et réclament un paiement intégral.

A ces derniers, le liquidateur pourra répondre que l'opposition des autres ne lui permet pas d'agir autrement que sur le pied de l'égalité proportionnelle. Mais comme ils n'ont pas adhéré au régime nouveau qu'on veut leur imposer, personne ne peut les empêcher de réclamer le régime légal, c'est-à-dire la faillite, si bien qu'en définitive il faut affirmer encore une fois, que la liquidation avec règlement des dettes proportionnel, repose uniquement sur le consentement unanime des créanciers.

Ce régime qui permet ainsi d'éviter la faillite ou la liquidation judiciaire quoique la société soit en état d'insolvabilité, doit donc en être distingué très soigneusement.

D'abord la faillite ne peut s'ouvrir que par un jugement déclaratif qui seul amène toute les conséquences qui dérivent ici de la convention des parties.

La société dessaisie de son patrimoine dans le premier cas voit, dans la liquidation, son organe subsister avec ses mêmes pouvoirs et le liquidateur, sans devenir représentant de la masse est simplement chargé de régler les rapports des créanciers entre eux.

Les poursuites individuelles sont supprimées avec la faillite alors qu'ici le créancier récalcitrant peut continuer à agir, si, trompé sur ses intérêts véritables, il ne voit pas qu'elles seront sans effet.

Les créances deviennent toutes exigibles et le paiement proportionnel est la règle dans le premier cas. Ici, on n'y arrive que par un biais et même le créancier, ne pouvant se réclamer du bénéfice de la déchéance du terme, ne peut pas exiger un paiement immédiat mais seulement des garanties de paiement (consignation).

La déclaration de faillite permet au syndic de critiquer et de faire annuler par le tribunal certains actes passés dans la période dite suspecte et qui portent atteinte au principe d'égalité (hypothèque au profit de certains créanciers). Au contraire, le liquidateur ne pourrait, agissant au nom de chacun des créanciers, exercer que l'action paulienne, ce qui n'est certainement pas aussi avantageux.

Enfin le liquidateur, quoique chargé de la vérification des créances et de la distribution proportionnelle des fonds, agit contrairement au syndic, bien moins dans l'intérêt même des créanciers, que dans celui de la société et des associés responsables qui ont avantage à éviter les déchéances dont les frapperait la faillite, qui ont le devoir de tenir les engagements contractés par eux et de ne pas nuire aux créanciers, si bien qu'on peut dire qu'en prenant l'initiative du concordat amiable, le liquidateur ne se demande jamais s'il y a là avantage pour les créanciers, il considère simplement qu'il faut sauver la société, et que, ce faisant, il s'acquitte dignement de sa mission.

SECTION TROISIÈME

EXPLICATION DE L'ADMISSION DE CE RÉGIME DANS LA PRATIQUE

Des différences que nous venons d'exposer entre la faillite et la liquidation, il semblerait résulter que les créanciers ont avantage à faire constater la cessation des paiements. Cependant, s'il nous faut dire ce que nous pensons de l'utilité qu'il y a d'admettre le second régime en pratique nous croyons que c'est justement par son caractère anormal, par ce fait qu'il n'est pas imposé aux créanciers, qu'il résulte de la convention des parties qui ont pleine confiance dans le mandataire choisi par justice et qui le laissent agir en toute liberté sans que le temps qu'il mettra à la liquidation entre en considération c'est, d'autre part, parce que aucun acte public ne manifeste l'état embarrassé de la société, que ce système nous paraît excellent et donne en effet les meilleurs résultats.

Les syndics qui avaient réclamé avec insistance et ont obtenu d'être seuls chargés de la liquidation des sociétés en état réel de cessation de paiements, qui par là, forçant la main aux tribunaux, les ont obligés à imposer au liquidateur de faire demander la faillite ou la liquidation judiciaire des sociétés insolvables, se sont bien vite aperçus eux-mêmes que le plus grand nombre d'affaires dont ils avaient à s'occuper était loin d'augmenter leurs bénéfices.

Ils se plaignent que la loi de 1889 n'ait pas produit les bons résultats qu'on attendait d'elle. Le nom du régime a changé, le débiteur est mieux traité au point de vue des déchéances, mais les créanciers craignent aussi bien la liquidation judiciaire que la faillite parce que dans les deux cas, ils savent qu'ils ne peuvent espérer toucher de forts dividendes. On remarque qu'en fait, les faillites ou les liquidations judiciaires se closent presque toujours par insuffisance d'actif ou par un concordat. Bien souvent, le failli n'a absolument plus rien. S'il lui reste encore quelques débris de son patrimoine, pour peu qu'il ait de l'habileté, pourvu surtout qu'il soit conseillé par un agent d'affaires qui sache présenter les choses adroitement aux créanciers, il obtiendra toujours le concordat. Malheureusement, et on ne le sait que trop, ces concordats ne sont presque jamais exécutés et les créanciers touchent fort rarement l'intégralité des dividendes promis.

Si, par hasard, il y a union, par cela seul qu'il y a eu déclaration de cessation de paiements, la réalisation de l'actif est très difficile et ne produit presque rien. Le fonds de commerce du failli subit une dépréciation considérable, et cela se comprend, la faillite, conséquence de mauvaises opérations, faisant supposer que l'entreprise n'était pas bonne. Les acquéreurs se présenteront d'autant moins nombreux que la vente se fait en général à un mauvais moment, car le syndic a pu ne pas continuer les opérations. Pour cela, il lui faut obtenir l'assentiment de la majorité des créanciers (3/4 en nombre et en sommes) et il n'est pas étonnant que cette autorisation ne lui soit pas toujours donné, car les créanciers sont alors tenus personnellement même au-delà de leur part dans l'actif. De plus, les ventes de meubles ne peuvent être faites qu'aux enchères et par les officiers publics compétents, les ventes d'immeubles d'après les règles de la vente des biens de mineurs et dans la huitaine. Le syndic est obligé d'aller vite et tandis que les frais de réalisation sont très considérables, il ne peut cependant attendre l'occasion favorable pour se défaire de biens qui ne sont pas déjà commodes à vendre (1).

Au contraire, dans la liquidation, telle que nous l'avons exposée, le fonds de commerce ne subit pas de dépréciation et le liquidateur, maître de ses actes, le vendra au prix le plus élevé, à l'époque qui lui paraîtra la meilleure, à l'amiable ou aux enchères. S'il y a des recouvrements à effectuer, il opèrera avec lenteur mais avec prudence et sûrement. En un mot, il tirera de la réalisation de l'actif des ressources que n'eût jamais eues un syndic, et les créanciers gagneront, à accorder des délais, une augmentation sensible du dividende à eux attribué.

(1) D'après les statistiques plus de la moitié des faillites sont closes par insuffisance d'actif, un septième par concordat, un

S'étonnera-t-on après cela que, loin de s'opposer à remettre leurs intérêts entre les mains de celui qui est déjà le représentant de la société, ils le lui demandent au contraire et lui laissent la plus grande liberté dans sa gestion? Les commerçants parisiens ne s'y trompent pas. Une créance sur un failli ou un liquidé judiciaire

peu plus du quart par union, et dans ce cas les dividendes obtenus ne dépassent guère 1 à 5 0/0 ou 5 à 10.

Voyez le tableau suivant:

	1896	1897
Faillites terminées par concordat............	227	209
Par abandon d'actif......	67	84
Par union...............	458	453
Par rapport du jugement déclaratif.............	51	56
Par insuffisance d'actif....	869	842
Par rapport de conversion en faillite.............	1	»
	1673	1624

					1896	1897
Dividendes réalisés dans les faillites terminées par union.	De 1	à	5	0/0	98	100
	5	à	10	—	83	59
	10	à	20	—	73	90
	20	à	30	—	46	47
	30	à	40	—	21	38
	40	à	50	—	19	17
	50	à	60	—	8	10
	60	à	70	—	9	6
	70	à	80	—	2	4
	80	à	90	—	2	2
	90	à	100	—	«	«
	100 p.	100	—		3	7
N'ont rien produit.					94	73
					458	453

(Discours Goy. 10 janv. 98. *Le Droit*, n° du 20 janv. 1898.

ne compte pas pour eux, elle est passée immédiatement aux profits et pertes. Aussi, c'est avec plaisir qu'ils
acquiescent à un régime qu'ils savent leur promettre
quelque avantage. — Nous l'affirmons, plus que la
société elle-même, ses créanciers ont la crainte de sa
faillite ou de sa liquidation judiciaire. Ce que disait
Balzac (Grandeur et Décadence de César Birotteau) est
encore vrai aujourd'hui : « Les gros négociants ne déposent plus leur bilan ; ils liquident à l'amiable : les créanciers donnent quittance en prenant ce qu'on leur offre.
On évite alors le déshonneur, les délais judiciaires, les
honoraires d'agréés, les dépréciations de marchandises. *Chacun croît que la faillite donnerait moins que
la liquidation.* »

D'autre part, une société faillie quoique en théorie elle
puisse continuer son entreprise se trouve bel et bien
ruinée. Le désastre est irrémédiable et la dissolution
suit nécessairement la faillite. Au contraire, la société en
liquidation quoique dissoute, peut, si ses créanciers sont
payés, si son crédit par là même a peu souffert, si elle
a pu conserver son fonds de commerce, elle peut, disons-
nous se reconstituer et peut-être, éclairée par l'expérience et la leçon du passé, redevenir riche, prospère
et puissante.

Un liquidateur-administrateur de sociétés nous affir-
mait que cela se voyait souvent et pour nous montrer
combien le régime suivant lequel ils opèrent produit de
bons résultats, il nous citait l'espèce suivante :

Une société, une banque, se trouvait en liquidation.; les fonds disponibles étaient insignifiants et le passif d'un million, mais d'autre part, la société avait dans son portefeuille une valeur de créances supérieure à ce chiffre. Quoi qu'il en soit, il lui était impossible de payer ses propres créanciers à l'échéance, ceux-ci pouvaient demander la faillite et la société était alors ruinée. Plus prudents, ils laissent le liquidateur choisi par les associés procéder suivant les règles usuelles. Que se passe-t-il ? La liquidation dure cinq ans, il est vrai, mais, tout étant réalisé, il se trouve que les créanciers ont été tous payés, qu'il y a eu même répartition entre les associés d'excédant d'actif. Les créanciers avaient si bien compris leurs propres intérêts que pendant les cinq ans de la liquidation, pas une seule poursuite n'avait était intentée contre la société, pas une fois le liquidateur n'avait été inquiété, et cependant les dettes de la société comprenaient en grande partie, des dépôts, ce qui était particulièrement grave.

On pourrait citer beaucoup d'exemples de même sorte qui prouveraient combien la substitution de deux régimes légaux à la faillite et à la liquidation conventionnelle d'avant la loi de 1889 a produit peut-être plus de mal que de bien. Plus spécialement, s'il s'agit de sociétés dissoutes, vaudrait-il peut-être mieux que le liquidateur s'occupât du règlement de tous les rapports aussi bien dans le cas où la cessation de paiements provient de l'insuffisance de l'actif que dans le cas ou elle provient seulement de la non-réalisation de l'actif.

Sans doute, on ne dira jamais assez que les tribunaux n'ont pas à créer un régime qui différencie de celui qu'a inventé le législateur ; autrement dit, ils sont sans autorité pour forcer les créanciers à l'accepter. Mais puisque ceux-ci, loin de s'y refuser, le réclament avec empressement, puisque dès lors, ce régime ne se fonde plus sur l'autorité de la justice mais sur la convention des parties intéressées, pourquoi déroger ici au grand principe de l'article 1134 Code civil, défendre ici ce que l'on permet partout ailleurs.

Si l'on veut donc déterminer spécialement la situation des créanciers sociaux, nous croyons qu'il faut distinguer leurs droits à la liquidation et leurs droits *pendant* la liquidation. Qu'ils puissent s'opposer au partage immédiat, réclamer et obtenir des tribunaux la nomination d'un liquidateur, cela ne nous paraît pas douteux; et nous avons exposé la raison de notre opinion. Mais cela suffit-il pour que le régime de la liquidation en soit modifié, pour changer les règles qui découlent des principes généraux. Non, car pour cela, il est nécessaire, mais il est suffisant, qu'une convention intervienne, convention qui n'oblige que ceux des créanciers qui y ont été parties, autrement dit, il faut l'accord unanime et réciproque du liquidateur et des créanciers.

TABLE DES MATIÈRES.

CHAPITRE III

Caractère juridique des liquidateurs.

—

Le liquidateur représente la société.

CHAPITRE IV

Le liquidateur ne représente pas les créanciers.

CHAPITRE V

Le liquidateur peut représenter les créanciers

IMPRIMERIE DEVERDUN, BUZANÇAIS (INDRE).